时代印记

王志艳◎编著

李白

延边大学出版社

图书在版编目（CIP）数据

寻找李白/王志艳编著.—延吉：延边大学出版社，2013.8(2020.7 重印)

ISBN 978-7-5634-5930-8

Ⅰ.①寻… Ⅱ.①王… Ⅲ.①李白（701～762）—传记—青年读物②李白（701～762）—传记—少年读物 Ⅳ.① K825.6-49

中国版本图书馆 CIP 数据核字 (2013) 第 210675 号

寻找李白

编著：王志艳

责任编辑：李　宁

封面设计：映像视觉

出版发行：延边大学出版社

社址：吉林省延吉市公园路 977 号　邮编：133002

电话：0433-2732435　传真：0433-2732434

网址：http://www.ydcbs.com

印刷：唐山新苑印务有限公司

开本：690×960　1/16

印张：11 印张

字数：100 千字

版次：2013 年 8 月第 1 版

印次：2020 年 7 月第 3 次印刷

书号：ISBN 978-7-5634-5930-8

定价：29.80 元

前言

　　历史发展的每一个时代，都会有对后世产生巨大影响的人物，都会有推动我们前进的力量。这些曾经创造历史、影响时代的英雄，或以其深邃的思想推动了世界文明的进步，或以其叱咤风云的政治生涯影响了历史的进程，或以其在自然科学领域中的巨大成就为人类造福……

　　总之，他们在每个时代都留下了深深的印记，烙上了特定的记号。因为他们，历史的车轮才会不断前进；因为他们，每个时代的内容才会更加精彩。他们，已经成为历史长河的风向标，成为一个时代的闪光点，引领着我们后人走向更加深邃的精神世界和更加精彩的物质世界。

　　今天，当我们站在一个新的纪元回眸过去的时候，我们不能不提起他们的名字，因为是他们改变了我们的世界，改变了人类历史的发展格局。了解他们的生平、经历、思想、智慧，以及他们的人格魅力，也必然会对我们的人生产生深刻的影响。

　　为了能了解并铭记这些为人类历史发展做出过巨大贡献的人物，经过长时间的遴选，我们精选出一些最具影响力、最能代表时代发展与进步的人物，编成这套《时代印记》系列丛书，其宗旨是：期望通过这套青少年乐于、易于接受的传记形式的丛书，对青少年读者的成长产生潜移默化的影响，使他们能够从中吸取到有益的精神元素，立志奋进，为祖国、为人类作出自己的贡献。

前言

　　本套丛书写作角度新颖，它不是简单地堆砌有关名人的材料，而是精选了他们一生当中最富有代表性的事迹与思想贡献，以点带面，折射出他们充满传奇的人生经历和各具特点的鲜明个性，从而帮助我们更加透彻地了解每一位人物的人生经历及当时的历史背景，丰富我们的生活阅历与知识。

　　通过阅读这套丛书，我们可以结识到许多伟大的人物。与这些伟人"交往"，也会进一步提高我们的思想品格与道德修养，并以这些伟人的典范品行来衡量自己的行为，激励自己不断去追求更加理想的目标。

　　此外，书中还穿插了许多与这些著名人物相关的小知识、小故事等。这些内容语言简练，趣味性强，既能活跃版面，又能开阔青少年的阅读视野，同时还可作为青少年读者学习中的课外积累和写作素材。

　　我们相信，阅读本套丛书后，青少年朋友们一定可以更加真切、透彻地了解这些伟大人物在每个时代所留下的深刻印记，并从中汲取丰富的人生经验，立志成才。

导 言

Introduction

李白（701—762），字太白，号青莲居士。中国唐朝著名诗人，有"诗仙""酒仙""谪仙人"等称呼，被公认为是中国历史上最杰出的浪漫主义诗人。其作品天马行空，浪漫奔放，意境奇异，才华横溢；诗句如行云流水，宛若天成。李白创造了古代积极浪漫主义文学的高峰，为唐诗的繁荣与发展打开了新的局面，开创了中国古典诗歌的黄金时代，其诗歌的艺术成就被认为是中国浪漫主义诗歌的巅峰。

李白出生于武后长安元年（701），祖籍陇西成纪（今甘肃秦安县）。他自称"家本陇西人，先为汉边将"，为汉将军李广的后代，凉武昭王九世孙。

公元705年，李白随家人迁至四川省昌明县青莲乡（今四川省江油市），青少年时代都是在四川度过。25岁时，李白离开四川，外出漫游，此后逐渐走向全国、走向世界，最后成为人间的"诗仙"，成为一座民族文化的丰碑。所有这一切巨大的成就，绝不是偶然的运气和历史对他的眷顾，而是他一生伟岸不屈、光明磊落、与人民同呼吸共命运、忧国忧民、在艰难的环境中上下求索的结果。

年轻时期的李白，也曾渴望入仕为官，实现自己报效国家、济天下苍生的宏伟理想。然而李白在政治上却屡受挫折，进入朝廷后也不受重用，还屡遭权贵们排挤陷害。同时，他那豪放狂傲的性格也令他无法容忍权贵们争权夺利的小人行为，因而对权贵们充满蔑视与嘲讽，最后不得不离开宫廷，继续四处远游。

尽管李白在政治上屡受打击，但他仍然具有很强的责任感和使命感，以国家危亡为己任。当认清统治阶级的本质后，经过多年对自己思想上的反省与探索，李白终于从思想感情上完成了远离宫廷走向人民的转变，与官场分道扬镳。从此，他脱胎换骨，真正走向了与人民同呼吸、共命运的道路。

李白一生，创作了大量的诗歌作品，流传至今的有900多首，主要有《蜀道难》《行路难》《将进酒》《静夜思》等。他将中国古典浪漫主义诗歌推向了繁荣的高峰，其历史功绩可谓无与伦比。李白的诗歌想象丰富，气势恢弘，豪放飘逸，既有"黄河之水天上来，奔流到海不复回"的奔放气势，又有"清水出芙蓉，天然去雕饰"的清新风格。同时，他的诗歌又很少受儒家思想的束缚，写得肆意放纵，挥洒自如，呈现出一种天马行空、无拘无束的自我风格。

公元762年，李白病逝于安徽省当涂县。一代传奇诗人凄凉离世，令人扼腕。

本书从李白的少年生活开始写起，一直追溯到他爱国忧民、自我奋斗，最终成为唐朝最伟大的浪漫主义诗人的传奇人生，旨在让广大青少年朋友了解这位唐代著名诗人曲折、坎坷的人生历程，以及他那独特而丰富的内心世界，从中汲取他那种在逆境之中不屈服、不妥协的坚毅品质，在艰难困苦之中仍然保持着内心高洁的伟岸个性，以及他那种在遭遇磨难、排挤之后一直都未曾动摇过的爱国主义情怀，同时也对他的诗歌进行全面的认识及客观的评价。

目 录

contents

时代印记　目录

1

第一章 降生碎叶

大鹏一日同风起，扶摇直上九万里。假令风歇时下来，犹能簸却沧溟水。

——（唐）李白

（一）

说起中国的古典诗歌，就不能不说到唐诗；而说起唐诗，就不能不说到李白。

李白是唐代伟大的诗人。公元701年，李白出生于碎叶城。碎叶城最初是由大唐元帅裴行俭打了胜仗之后修筑的，因此最初只是一座兵营。后来，副使兼安西都户王方翼将散居附近河岸两边的贫民集中起来，并扩大碎叶城的面积，重新修筑了城墙，这才使之成为一座真正的城市。

按照李白自己的说法，他是西汉名将李广的后代，是五胡十六国时西凉创业君主李暠的九世孙，因此与唐皇室是同宗。李氏中的一支后来流落到中国西部，成为唐代著名郡望中的"陇西李氏"。所以，史书也称李白为陇西成纪人。

隋朝末年，天下大乱，李白的祖先西迁到碎叶城避难，并在那里定居。碎叶在今天的吉尔吉斯共和国境内，靠近托克马克城，是古代丝绸之路上的重要城市，当时属于唐王朝的疆域。

在唐人的心目中，李白是一位天才。这样的天才，出生自然是不同寻常的。据说，李白在出生时，他的母亲梦到长庚星落入怀中。长庚星也就是金星，傍晚时出现在西边，称为长庚星；天亮时出现在东方，又称启明星。

这颗星星非常明亮，古人特别看重。长庚星又称太白金星，因此，李白出生后，他的父亲便为他取名为白，字太白。当时的人们认为，李白这样的天才不可能生于人间，一定是"太白之精下降"。就是说，是太白金星的灵气、精气凝聚而成，才让他如此才华出众。

神龙元年（705），唐朝女皇武则天去世，其子李显继位，是为唐中宗。此时，李白的父亲因为在西域遭遇麻烦，便带着家人离开碎叶城，准备迁回祖辈居住的大唐京城。

这一年，李白刚刚5岁。虽然年纪幼小，但面对这种风餐露宿的艰苦生活，他倒很少觉得旅途艰辛，因为李白自小就跟随母亲养成了吃苦耐劳的习惯。

李白的父亲带着从西域经营了几代的财产离开碎叶城向中原进发。他们沿着丝绸之路，路经秋杜、龟兹等地，经过几个月的跋涉，终于到达了大唐京城。

但是，李白一家并没有在京城立足。因为当时的丝绸之路也不平静，李白的父亲靠着家传的武艺和祖传的龙泉宝剑，带着他的子侄们一路击退几伙毛贼，以至于到达京城后受到各种骚扰，根本无法平静生活，无奈之下只好重踏征途，最后来到西蜀绵州昌隆县，定居在县城南部的青莲乡。

昌隆即今天的四川省江油市，当时那里是个只有几千户人家的小县城，周围群山环绕，比较偏远。青莲乡距离昌隆县7千米，距绵州城30

千米，是个外乡人躲避麻烦的好去处。李白一家定居在这里，却是非常适合。

从遥远的西域碎叶，举家迁移到四川江油，可以说是一段特别艰辛而漫长的旅途。"蜀道难，难于上青天"，从西域而来，要经历的岂止是危险的栈道！一路上还需历经无数次的雄关险隘，无数次穿越崇山峻岭，渡过大河天堑，与野兽相搏，与风雨为伴，所到之处多为人烟荒稀之地。

年少时的艰辛经历对一个人的影响是至关重要的。李白在5岁这年经历的这些艰辛，让他深刻地体会到了人世的艰险，同时也让他产生了战胜困难挫折的勇气、智慧以及积极进取的奋争精神，令他长大后习惯于四处漂泊的生活，并在漂泊中战胜各种旅途的艰难险阻。因此，童年时代的这段漂泊经历，更加铸造了李白日后奋进的勇气。

这次长途旅行还使李白在身体上得到了锻炼，增强了他的体质，让他的身上洋溢着某种生命的活力。一向对李白崇拜有加的诗人魏万，对李白的描述是"眸子炯然，哆如饿虎"。意思是说，李白的眼睛透亮，大得像饿虎的眼睛一样，可见李白的眸子是特别有神采的。眸子有神，就是人有精神的表现，说明李白的精力异常充沛。而这种充沛旺盛的生命活力，无疑与他童年时代所经历的艰难漫长的大迁徙有关。

（二）

李白的父亲人称"李客"，但研究者认为，这可能不是他的本名。因为李家万里跋涉，从西域来到川蜀，客居此地，当地人不知道李白父亲的名字，便直接称他为"李客"，即姓李的外乡人的意思。李客是同家族中人一起来到这里的，而李白在堂房兄弟中排行第十二，因此人们也称李白为"李十二"。

四川腹地与西域有着很大的差异，山川、风情、文化等，都有着巨大的反差，这对于一个5岁的孩子来说是很难适应的，特别是对于李白这种敏感的孩子。这种与当地的不相融感，深刻地烙印在李白敏感的心灵之中。

中原人家的孩子，比西域的孩子相对要文雅得多。这里的孩子不重视骑马射箭，每天只是念一些之乎者也的书籍，这让少年时期的李白感到很没劲。他不明白，念这些东西到底有什么用处！因此来到四川不久，李白就有些小瞧中原人家的孩子了。

当然，中原人家的孩子也看不起李白，觉得他连之乎者也都不会念，简直就是个大草包！

这让一贯争强好胜的李白很不服气，也让他感到更加孤独。他觉得这里没有朋友，因此也更加希望回到西域去。

一天，李白闷闷不乐地问父亲：

"父亲，我们什么时候回老家去？碎叶城老家的伙伴们都在等着我呢！"

父亲摸着李白的头，说道：

"我们来到四川，这里就是我们的家了，不再回西域了。"

父亲的话让李白更加郁闷。有很多次，他都梦见自己回到了西域，回到了故乡的伙伴们中间，感到异常兴奋和亲切。可是醒来一望，却是异乡的月光照在窗前。这让李白很是伤心。

古人大约从在七八岁时开始读书，但李白自幼聪颖，5岁时便开始读书识字了。虽然他不喜欢像其他孩子那样，念不知何意的之乎者也，但他却称自己"五岁诵六甲"。

何为"六甲"？

在道教的典籍中，有一种奇怪的书被称为《六甲》。李白的启蒙教育自然不会从读这种书开始。这里的"六甲"，指的是针对儿童的一种教育内容，即掌握六十甲子的名称及推演方法等。古时候标记年、月、日的次序都采用特殊的干支方法。甲、乙、丙、丁、戊、己、庚、辛、壬、癸十个名称为"十干"，也称"天干"；子、丑、寅、卯、辰、巳、午、未、申、酉、戌、亥称为"十二支"，也称"地支"。天干与地支顺着次序组合，即为甲子、乙丑、丙寅……等60个名称，一个年份用一个名称，60年重复一次，俗称"六十花甲子"。日期的编排等也用这种方法。

汉魏时期的儿童学习之初，就是接受这种童蒙的识字计数教育。但到了唐代，儿童的启蒙已经很少再用"六甲"了。李白的父亲从西域来到蜀地，教授儿子学习字数，仍然采用"六甲"，可见其教育方法与唐人通常的方法并不一致。由此也可以看出李家恪守的传统文化与当时的中原文化不尽相同。

（三）

长大一些后，李白开始自由阅读，他自称"十岁观百家"。这里的"百家"，指的是不同流派的著作。此时的李白，阅读兴趣与当时的一些学童也是完全不同的。

中国古代选拔文官有着特殊的制度，即科举。隋朝开始实施科举制度，候选人通过了朝廷专门的考试，便可以按照成绩的等第不同而授予官职。获得官职之后，即可得到朝廷发放的薪水，当时称为"俸禄"。当然，这些人还可以享受其他的很多特权。因此，当时的士子都热衷于参加科举考试，以获得官职和一些特殊的权力。

为顺利通过考试，不少人在学童时期就开始熟读儒家经书，但李白却将主要精力放在阅读"百家"之上。"百家"当然包括儒家，但自汉代以来，儒家受到独尊，显然不同于"百家"。李白强调遍观"百家"，由此可见他阅读兴趣的广泛。

但等读到《尚书》时，李白就没多大兴趣了，开始变得贪玩儿起来。而这时又恰逢春光灿烂，桃红柳绿的季节，因此他常常与其他孩子到村边玩耍。

一天，李白与小朋友一起沿着村边的溪流向上跑去。大一些的孩子跑在最前边，李白最小，结果被远远地落在后面。

这时，他忽然看到一个老妇人手里拿着一根铁棒，正在水边的大石头上使劲地磨着，累得满头大汗。李白感到很好奇，就走过去，蹲在老妇人身边，问道：

"老婆婆，您这是在干什么？"

"我在磨这根铁棍呀！"老妇人头也没抬，擦了擦汗水，继续使劲地磨着。

"磨它做什么用呢？"

"我要把它磨得细细的、短短的，磨成一根绣花针用。"

"可是，这么粗、这么长的铁棍怎么能磨成绣花针呢？"李白更不解了。

"孩子，只要功夫深，铁棍也能磨成绣花针的！"老妇人抬起头看看李白，然后又把铁棍举给李白看，"你看，它不是已经磨细很多了吗？"

李白当然见过母亲的绣花针，现在看到老妇人手中那么粗的铁棍，要将它磨成那么细小的绣花针，这得花费多少力气和时间啊！

由此，李白想到了自己。自己只不过读了一点启蒙书，就不愿再花力气去攻读了。与老婆婆比起来，真是惭愧啊！

李白从老妇人磨针的事件中受到启发。从此，贪玩、松懈、厌弃学习的李白有了很大改变，不仅很快读完了《尚书》，此后每每遇到困难、精神松懈时，他都会回想起老婆婆的话：

"只要功夫深，铁棍也能磨成针。"

他还将这句话写在纸上，贴在墙上，当做自己的座右铭。因此，小小年纪的李白就养成了勤奋好学的好习惯。

时间如梭，转眼李白就长到了15岁，变成了一个小小的男子汉了。他想，自己也该走出家门到外地读书了，这样才能写出好的文章，做出好诗来。因此这年的秋天，李白决心离开父母，搬到距离青莲乡数十里外的匡山脚下的大明寺中，专心攻读。

在接下来的3年中，李白独立钻研了孔子增删编订的诗歌总集《诗经》，精心诵读了屈原的《离骚》等楚辞作品，还对乐府民歌进行了反复吟唱，汉魏以来有名作家的诗歌辞赋也都认真学习过，同时还模仿别人作品的方法来锻炼自己的写作能力，这些都为他日后创作诗词歌赋奠定了坚实的基础。

第二章　少年奇才

安能摧眉折腰事权贵，使我不得开心颜。

——（唐）李白

（一）

进入青少年时期的李白，主要任务就是学习，接受各种新鲜事物，体验从未经历过的人生感受。

在这一时期，李白深受先辈们的影响。在这种影响之下，他年少时便具有了一定的文化修养、隐逸情怀和远大志向。李白称自己为汉代将军李广的后代。李广曾在抗击匈奴的过程中立下赫赫战功，深受汉武帝的赏识，与霍去病、卫青等人齐名。

祖先的丰功伟绩对李白起到了积极的鞭策和激励作用。李广也成为青少年时期李白的楷模，时时警示着李白，激励他奋进，激发他产生建功立业的宏伟理想。

李白后来在《赠张相镐二首》一诗中，谈到他的祖先时，不无得意地说：

本家陇西人，先为汉边将。

功略盖天地，名飞青云上。

苦战竟不侯，当年颇惆怅。

世传崆峒勇，气激金风壮。

英烈遗厥孙，百代神犹王。

这首诗生动地表明了李白对先祖业绩的崇拜与对先祖精神的继承。而李白在其先祖的影响之下，也在青年时代就有了远大理想。

而在性格气质方面，李白的父亲李客的隐逸性格对他的影响也是巨大的。李白的父亲很有仙风道骨，李白青少年时代又生活在道教之风浓郁的蜀中，因此自然是耳濡目染，年少时便喜欢寻仙求道，而且一生乐此不疲。

在蜀期间，李白就在父亲的影响之下四处求仙问道，有一次，他甚至花了很长时间寻访戴天山的一位道士，却没有遇到。问其他的道士，也没人知道。李白内心十分愁苦，便作《访戴天山道士不遇》一诗，其诗云：

犬吠水声中，桃花带露浓。

树深时见鹿，溪午不闻钟。

野竹分青霭，飞泉挂碧峰。

无人知所去，愁倚两三松。

还有一次，李白沿着古道山路去寻访一位道士，这次大概寻访得很顺利，与道士谈得也很投机，直到暮色苍茫，才不得不分手，独自下山而去。为此，李白特作《寻雍尊师隐居》一诗，以记录此事：

群峭碧摩天，逍遥不记年。

拨云寻古道，倚树听流泉。

花暖青牛卧，松高白鹤眠。

语来江色暮，独自下寒烟。

李白的一生，对追求仕途并不十分热情。除了短暂地在唐玄宗身边做御用文人取乐皇帝之外，他一直都在不停漂泊。这说明他对权势名利并不特别感兴趣，只求得到不朽的功名之后，马上功成身退。"终与安社稷，功成去五湖"，"安能摧眉折腰事权贵，使我不得开心颜"，这种隐逸情怀和反抗意识，都与青少年时期父亲给他的影响密不可分。

（二）

在匡山居住期间，李白潜心钻研学问。通过读书和写作训练，李白也学到了很多东西，掌握了丰富的文史知识。同时，他还喜欢杂罗旁搜，读很多杂书，这让李白的父亲一度感到很忧虑。

有一天，李客的一位道学朋友赵蕤来到李白家中做客。赵蕤是川中著名的道学家，与李白的父亲李客是好友。他一来到李家，就听到李白的琅琅读书声：

"北冥有鱼，其名为鲲。鲲之大不知其几千里也。化而为鸟，其名为鹏。鹏之背不知几千里也。怒而飞，其翼若垂天之云……"

读书声不但清晰流畅，而且高下有致，疾徐中节，读得有滋有味，有感有情，显然是读书的少年完全沉浸在他所读的古代神话之中了。

赵蕤听到这读书声，忍不住问李白的父亲：

"这位读书的公子，想必就是您经常向我提起的少公子李白吧？听其读书之声，倒是很聪明的。"

李白的父亲叹了口气，说道：

"正是我那孽根祸胎。他已经15岁了，终日只知道读一些杂书，不成正果，怎么劝说也不听。"

赵蕤笑了笑，说道：

"令郎倒是有些奇才啊！"

"哪里是什么奇才！不走正路罢了。他5岁发蒙识字，10岁读完《诗》《书》，以后便不肯在儒家经典上好好下工夫了，只喜好一些杂学旁搜。《楚辞》《庄子》，他百读不厌，可对举业却一窍不通。"李客愁眉不展地说道。

赵蕤毕竟是学识和见解都很丰富的学者，听了李白的习性后，觉得李白从小爱好广博倒是件好事，不必过分担忧。因此，他笑着对李客说：

"你说他是孽根祸胎，我倒觉得他既然博学广闻，若晓之以大义，广之以见闻，何愁他不走正路呢？说不定将来可以出将入相，成为栋梁之材呢！"

李客一听大喜，说：

"您的这番话让我茅塞顿开啊！"

于是，此后李客再也不管束儿子学习庞杂的事情了。

青少年时期的李白所受的教育的确很杂，各家各门派的学术他都广泛涉猎。同时，为适应将来的仕途需要，他还像古代的苏秦、张仪那样，很早就学习纵横术，爱发表议论，谈论哲学。李白的好友崔宗之说他"清论既抵掌，玄谈又绝倒；分明楚汉事，历历霸王到"。他也希望自己能在君主那里口若悬河，凭借自己的政治才华让君主折服。可以说，青少年时期的李白已经是一位知识丰富的杂家了。

（三）

这一时期的李白不但读书认真，还非常喜欢舞剑。再加上西域特殊的勇武好斗的环境影响，造就了李白一种任侠的特质。而他的志趣，也逐渐倾向于游侠方面了。

古代的士人对剑都情有独钟，不仅为防身之用，还将剑术当成是一种昂扬向上的精神象征，甚至是正义的象征。李白从小就喜爱剑术，除学习文化知识外，还经常学习剑术。

幼年时期，李白就在西域养成了勇猛好斗的性格。来到蜀地后，他的性格也没有改变，而且随着年龄的增长和阅历的增加，李白对那些除暴安良的游侠更加推崇起来。他非常崇拜荆轲、专诸、聂政等刺客，对铸剑的干将、莫邪等，也尤其崇敬，认为他们为社会弘扬正义，除暴安良，是可歌可泣的最可爱的人。

但李白的父亲却不赞成他练习剑术，李客希望儿子将来能够经商谋生，或走仕途之路，不希望儿子将来成为一介游侠，整日无所事事地在街市上闲逛。因此，李客不愿意出钱为李白买剑。

李白见父亲反对自己练习剑术，也不找父亲要钱买剑，而是准备自己铸剑，就像古代的干将、莫邪一样。

一天，父亲见李白在屋外磨着一根又长又粗的铁棒，手都被磨出了血泡，就问他这是在干什么。李白回答说：

"我想自己磨一柄长剑。"

"可你这样磨，恐怕一辈子也造不出一柄剑，你看铁匠铺里铸剑是用这种方法吗？"父亲问李白。

"不是。"李白说，"他们是用火将铁熔化成水，然后将铁水放入铸剑的模子里，冷却后就成了剑坯，然后再打磨一下就铸成了。"

"你既然知道，为什么还这么固执地自己磨呢？"父亲不解地问。

"我这样做也不失为一种铸剑的方法啊。虽然笨拙一些，所用时间长久一些，但总有一天能磨成一柄长剑的。"

父亲见李白如此固执，只好叹了口气，说道：

"我还是给你一些钱，你去买一柄剑吧！"

然而李白却固执地说：

"我还是想自己造一柄剑，这样的剑用起来才得心应手，不生疏。剑也是通人性的。"

父亲无奈地摇了摇头，走开了，李白则继续低下头自顾自地磨剑。

过一会儿，父亲拿着一本书走到李白跟前，对李白说：

"既然你这么喜欢练剑，我就把家传的一本剑谱送给你保管吧。这可是我们家祖传的，据说是飞将军李广练剑时的心得体会，你要好好练习，将来成为一名剑客。"

李白郑重其事地从父亲手中接过这本书，喜悦之情溢于言表。从此之后，他开始闻鸡起舞，刻苦练剑，并最终练得一身好剑术。

此后，李白一生都将剑带在身边，且往往乘醉舞剑。他的友人崔宗之曾说李白"袖中匕首剑，怀中茂陵书"，可见其豪侠之气堪与古代的侠士越女、专诸、荆轲等人相比。

李白对剑客的使命有着十分深刻的认识。他学习剑术的目的，也是希望自己能够像古代的侠士那样，凭借高超的剑术行侠仗义，即使牺牲自己的生命也在所不惜。正因为如此，他在游历洛阳时，就与城中的一群游侠少年交往。在《结客少年场行》一诗中，李白也表明了自己行侠仗义的游侠观点：

笑尽一杯酒，杀人都市中。

羞道易水寒，从令日贯虹。

　　这首诗表达了诗人轻身重义、慷慨以立功名的豪迈气概，是一首歌咏游侠的好诗。

　　李白在一生当中写过百余首游侠诗，表现了对游侠的特别热情和崇拜。然而，李白是诗侠而非真正的游侠，他重视生命的诗情体验而非付诸实际行动。由于理想与现实的冲突与人生的各种困扰，让李白的游侠诗又包含了复杂的内心矛盾和情感纠纷，在他对历史游侠人物理想化、诗词化，以期寻找自己的精神寄托的同时，又以诗的浪漫情怀，构成了他的游侠诗的特别的审美品格。

第三章　辞亲游历

长风破浪会有时，直挂云帆济沧海。

——（唐）李白

（一）

古代的读书人，在知识积累到一定程度后，就会有目的、有计划地到广阔的社会中去游学，以接触名师或同行，共同切磋学问，交流学术，获得更多的知识，开阔自己的视野。

李白在出川之前，曾经漫游四川，除了欣赏山水风景之外，主要是希望能遇到良师益友，在知识上充实自己。

18岁这年，李白来到梓州县（今四川三台）城外的长平山上，拜访了曾对他慧眼识金的赵蕤。赵蕤，字太宾，当地人都称他"赵处士"。他是个屡试不第的秀才，后漫游全国各地，学了不少知识。此后又回到家乡，历时20余年，完成了《长短经》的著述。

赵蕤是李白父亲李客的朋友，曾于几年前到李白家中做客，对李白赞不绝口。这一次两人再次相遇，感觉更是情如父子。李白对这位赵道士佩服得五体投地，两人在交往过程中建立了深厚的情谊。日后，李白在《淮南卧病书怀，寄蜀中赵征君蕤》一诗中写道：

故人不可见，幽梦谁与适？

意思是说，与赵蕤分别后，那做梦又该梦见谁呢？由此可见两人交情的深厚。

赵蕤读书很多，喜好纵横之术，又好行侠仗义。在其所著的《长短经》中，赵蕤认为，国家治理首先要确切地了解国家的状况，是处在治世，还是乱世，然后再采取相应的措施，或施行"王道"，或施行"霸道"，或施行"强道"。

这些观点都是受到了先秦法家、纵横家观点的影响。赵蕤极为赞赏古代的傅说、太公、苏秦、张仪、鲁仲连、汉高祖、汉光武帝、张良、韩信、诸葛亮等人，尤其喜爱诸葛亮。诸葛亮原为一个隐士，未出茅庐，便已知三分天下，后跟随刘备建功立业，名垂青史。对于赵蕤来说，诸葛亮的经历无疑是他可以直接效仿的模式。

李白受赵蕤的影响极深，两人一同隐居在成都附近的青城山，好几年都不入城市，经常一起谈论那些经邦治国卓有成效的政治家，如：管仲辅佐齐桓公九合诸侯，一匡天下；晏婴出使强大楚国，从容不迫，应对傲慢的楚君，最终不辱使命；张良足智多谋，辅佐汉高祖刘邦运筹帷幄、决胜千里，最终成就汉代基业……

师生经常一起讨论这些历史人物，每每都废寝忘食。这一时期对李白"济苍生""安社稷"的远大抱负形成产生了举足轻重的作用。李白出川后，曾写有《寄赵蕤诗》，其中写道：

朝忆相如台，夜梦子云宅。

可见赵蕤对李白的影响之大。

由于有赵蕤这样的著名学者的指导和教育，李白在隐居青城山拜赵蕤为师期间，在学问上也取得了很大的进步。而在思想上，李白也感染了赵蕤那种不入仕途的隐士之风。后来时而过问政治，时而引退，很大程度上都是因为受到了赵蕤的影响。

（二）

在漫游四川期间，李白还曾游览了峨眉，并在峨眉山有了一段奇遇。

在这里，李白结识了一位高僧。这位高僧俗姓史，法号怀一，曾与陈子昂是刎颈之交。当年，两人都胸怀大志，但可惜有志难酬，陈子昂仕途坎坷，最终冤死狱中，只活了42岁。怀一则屡试不第，最后放弃仕途，出家当了和尚。遇到李白时，怀一已是70岁高龄了。

当李白得知怀一长老是陈子昂的故人时，对其格外敬重。而怀一见李白器宇轩昂，才气不凡，也颇为赏识。

一天，怀一长老将李白请入自己的方丈室内，神情十分严肃。长老面前的几案上还放着一个黄色的锦缎包裹。与李白一起用完茶后，怀一长老才缓缓对李白说道：

"我唐自开国以来，诗文承六朝余风，骈俪有余，风骨未振。无补社稷苍生，徒供宫廷行乐之用。吾友子昂，崛起于蜀中，振名于都下，始挽数百年之颓风，初复风骚之正传。然惜其年不永，其志未竟……"

说到这里，怀一长老低下头，默然良久，双手深情地抚摸着几案上的锦缎包裹，然后又以充满无限期望的眼光看着李白，喃喃说道：

"我盼望多年，希望有人能继承诗风遗志，现在终于把你盼来了。继吾友未竟之志，开我唐百代之风，为千秋万世垂训——此事，就托付给你了。"

老和尚一边说着，一边将几案上的锦缎包裹捧起，郑重地交给李白。

李白急忙双手接住。他小心翼翼地打开包裹，一看，原来是《陈拾遗集》十卷。怀一长老将自己珍藏多年的亡友遗著赠予李白，是希望李白能够成为陈子昂的继承人。

李白十分感动，禁不住跪下来拜谢怀一长老。身受如此厚爱，让年纪尚轻的李白觉得犹如千钧重担在身，深感不能辜负长老之厚望。

在山中居住期间，李白开始潜心研读陈子昂的遗著，甚至废寝忘食，全身心地沉浸其中。在研读过程中，李白发现，陈子昂的诗朴实无华，但言而有物，意趣高深。《感遇诗》的38首，或感怀身世，或讽谏朝廷，或忧时伤世，或悲天悯人，一种慷慨郁勃之气，使人如同亲眼见到作者的高风亮节。

特别是在读到《登幽州台歌》时，李白更是不禁高声吟唱，击节赞赏：

"这才是大丈夫言志抒怀之作啊！"

随后，李白还研读了《观荆玉篇》《鸳鸯篇》《修竹篇》等。特别是《修竹篇》与诗前的《与东方虬书》：

> ……今文章道弊五百年矣！汉魏风骨，晋宋莫传，然而文献有可征者。仆尝暇时观齐梁间诗，采丽竞繁，而兴寄都绝，每以咏叹，思古人。常恐逶迤颓靡，风雅不作，以耿耿也……

这段文字引起了李白的深思：

"什么是文章之'道'？什么是'风骨'？什么是'兴寄'？……"

李白反来复去地思索，结果发现《观荆玉篇》不仅写的是荆玉，《鸳鸯篇》不仅写的是鸳鸯，《修竹篇》也不仅写的是修竹，它们都是借助这些事物来寄托作者的内心感慨，抒发作者的胸怀，使人读其诗，想见作者的高尚品格和优美情操。

据此，李白又进一步联想到了汉魏时期的佳作，也多为如此。不但写景，还写情；不仅写物，还写人。但不论是写何种事物，志士仁人之心，英雄豪杰之志，都充溢于作品的字里行间，令人读来精神振奋,自然也产生一种潜移默化的力量。

于是,李白明白了这样一个道理:这就是文章古道,这就是诗骚正传,这就是汉魏风骨,这就是陈子昂提倡"兴寄"的用心所在。否则,写山水就是山水,写草木就草木,写虫鱼就是虫鱼,那还有什么意思呢?

李白又回想起自己在故里时所写的一些作品,不觉万分汗颜。他自言自语道:

"雕虫小技,壮夫不为!"

然后一跃而起,提起笔来,在一张诗笺上写下几个大字:

"将复古道,舍我其谁!"

随后,李白将这张纸送给了怀一长老,以寄寓自己欲开唐百代诗词之风的决心。

这年秋天,李白依依不舍地拜别怀一长老,离开峨眉山。怀一长老一直将他送到山下,青衣江边。

(三)

当然,在故乡漫游求学过程中,李白也遭遇过不少挫折。他曾想拜见当时的文坛巨匠李邕,结果遭到拒绝。当时李邕任渝州刺史,在文坛上颇具名声。他性格豪放,才华卓绝,自视甚高,对文坛小辈不屑一顾。

李邕看了李白投来的诗文后,对李白的文采并不看好,并且还对围绕在他身边的其他文学清客们说,李白这个人根本没什么才华,也没有任何培养的价值,因此拒绝接见李白。

李白在李邕那里吃了闭门羹,心中自然十分不快,对李邕轻视后学的态度也很不满,于是当即写诗一首《上李邕》回敬他:

大鹏一日同风起，扶摇直上九万里。

假令风歇时下来，犹能簸却沧溟水。

世人见我恒殊调，见余大言皆冷笑。

宣父犹能畏后生，丈夫未可轻年少。

这首诗写得很好，显示了李白的少年壮志和凌云豪气。不知李邕看了这首豪气冲天的诗后会作何感想，是否对李白才华的认识有所改变，我们不得而知。

不过，时隔20年后，李白与诗人杜甫同游齐赵，当时李邕正在担任北海太守，从北海来到齐州。杜甫经常陪同年老的李邕一起游赏宴会。这时李白与杜甫在一起，自然也会与李邕相见。此时的李白，刚刚从长安被唐玄宗赐金放还，他的诗歌名声也已涵盖宇宙。李邕见到这位当年曾被他冷落的文学青年，如今竟然成了赫赫声名的文化名人，也不知会作何感想。

20岁那年，李白又向父亲禀明，称自己想去漫游成都，开阔眼界，增长知识，广泛结交，寻找荐举的机会。父亲一听，立即表示赞成。

第二天，李白就上路了，当天就来到绵州城。这里是大唐京城长安通往成都的必经之地，又是重要的州府，因此十分热闹繁华。李白听客店的伙计说，新任益州大都督府长史大人当天上午来到此地，正住在驿馆之中，并听说这位长史姓苏，为人谦和，乐于提携后进之士，因此决定去拜见这位长史大人，想得到他的赏识和举荐。

次日，李白便带着自己的诗卷拜见了苏长史。苏长史对李白的诗文很赏识，并对他"安社稷、济苍生"的大志也很赞赏，还对李白以平等的布衣之礼相待，坦诚地与他一起讨论一些文学与政治问题，让李白受益匪浅。随后，苏长史让李白到成都驿馆中等候消息。

与苏长史的谈话让李白对自己的前途充满信心，以为自己今后就可以扬眉吐气，一展抱负了。但侯门深似海，对于一个无钱无势的青年来说，要实现这个志愿何其困难。

因此，到成都驿馆后，李白四处打听，也没有得到任何消息。无奈之下，他只好找个客店住下，继续耐心等候消息，这一等就是两个多月。心中的烦闷，只能借助游历成都的名胜疏散。好在成都历史悠久，名胜古迹甚多，尽够他游玩了。

最后经过多方打听，依然音信全无，李白只好带着无限惆怅、凄凉的心情离开了成都。

尽管如此，李白对自己能够得到苏长史称赞这件事依然感到无比荣耀。若干年后，李白在湖北安陆所写的《上安州裴长史》中，还不无得意地谈到了这件事：

　　……

　　又，前礼部尚书苏公，出为益州长史。白于路中偷刺，待以布衣之礼。因谓群僚曰："此子天才英丽，下笔不休。虽风力未成，且见专车之骨。若广之以学，可以相如比肩也。"四海明识，具知此谈。

这一赞誉之语，与后来贺知章称赞李白为"谪仙人"一样令人受用。李白能够获得这样的好评，足见这次游历是很成功的。

从少年时代起，李白就常去戴天山寻找道观的道士谈论道经。后来，他与一位号为东岩子的隐者隐居于岷山，潜心学习，多年不进城市。他们在自己居住的山林里饲养了许多奇禽异鸟。这些美丽而驯良的鸟儿会定时飞来求食，好像能听懂人的语言似的，一声呼唤，便从四处飞落阶前，甚至可以在人的手里啄食谷粒，一点都不害怕。这件事被远近传作奇闻，最后竟使绵州刺史亲自到山中观看鸟儿们的就食情况。这位刺史见他们能指挥鸟类的行动，认定他们是有道术之人，便想推荐二人去参加道科的考试，但二人都婉言拒绝了。

第四章　孤帆南下

吾观自古贤达人，成功不退皆殒身。

————（唐）李白

（一）

为了参加科举考试，步入仕途，李白结束了在蜀地长达几年的漫游，回到故乡，准备参加当年的科举考试。

此时的李白，在作诗方面已经表现出了独特的才华。回到家后，父亲看到他所写的《访戴天山道士不遇》《上李邕》等诗后，感到非常高兴。从这些诗歌中，父亲看到了儿子所具备的一股豪气，有种初生牛犊不怕虎的精神。但同时，他也感到有些忧心。儿子虽然有诗歌天赋，又胸怀大志，他却不能为儿子找到一个好的前途。

在四川，李白的父亲只是个商人，虽然在经济上还算富有，但社会地位并不高。而且他长期隐逸，清静无为，不认识社会上的达官贵人，自然无法帮助儿子谋取一个好的社会地位。

因此，李白的父亲极力鼓励李白参加科举考试，以博取功名，将来能够在朝廷中谋个一官半职，以光耀门楣。

在唐代，要参加科举考试，首先需要有地方官的推荐，这样才能获得到京城参加考试的资格。李白对自己的才华十分有把握，心想要参加科举考试博得功名，对他来说简直是轻而易举。

很快就到了科考之日，四川一带的士子们都纷纷准备参加考试，江油的士子们也都聚集在县城，请求县府保举他们获得参加科考的资格。县府正对这些士子的资格进行详细审查，李白和一群士子站在府门外，耐心地等候着。

然而，进去的士子出来后，一个个都哭丧着脸，有的说自己的诗文写得不好，被县太爷责骂了一顿；有的说自己的父母地位低下，县府不允许他们参加科举考试；……

等待获得科考资格的士子越来越少了，李白依然泰然自若地站在外面等候。他相信，凭借自己的诗文才华，一定可以获得县太爷的赏识，从而给予自己入京考试的资格。

但结果还是让李白大失所望。李白进入县府后，将自己的诗文恭恭敬敬地呈递给县太爷后。进士出身的县太爷虽然对李白的诗文大为赞赏，但却对李白的出身感到不满。经过审查，县府以李白"家学不深，是商人之子，父亲还做过小吏，浅薄之家恐怕难以出人才"为由，拒绝给予他参加科举考试的资格。

李白的内心既失望又愤怒，他大声说道：

"商人和小吏怎么了？商人和小吏的儿子就不能参加科举考试吗？古代的伊尹，是个奴隶出身的厨子，但商汤发现了他；姜太公也是朝歌屠夫，但周文王却重用他；战国时期的侯赢和朱亥，只是守门人和屠夫，但信陵君重用他们；李斯也不过是上蔡的一个小吏，但秦始皇重用他。你们这些满腹经纶的诸公大人，难道都忘记这些历史了吗？"

"放肆！"县太爷大声喝道，"这是大唐的规矩，岂容你一个小书生品头论足？来人，把这个不懂规矩的穷小子赶出去！"

就这样，李白参加科举考试的幻想破灭了。

在古代，读书人要想改变自己的命运，只有通过科举考试，因此科举考试对读书人来说也是一件十分神圣的事。十年寒窗苦读，几乎都在为科举考试做准备。一朝科考中进士，便可"朝为贫民客，暮登天子堂"，因此科考也令每个读书人万分神往。

青年时期的李白自然也向往通过科举考试改变自己的命运，让自己的抱负有所施展，从而实现自己治国平天下的宏伟理想。但命运偏偏弄人，由于家庭地位低下，虽然自己满腹才学，却依然无法获得参加科举考试的资格，这种打击比参加科考落榜的痛苦更加深刻。尤其像李白这样狂傲自负的人，相信自己考中进士只是举手之劳之事，这样的结果让他所受的打击就更大了。

（二）

到了二十四五岁时，李白该找个妻子成家了。为此，李白的母亲积极为儿子张罗，想为儿子找个西域血统的女子。尽管李白在蜀地长大，但他的身上所具有的很多西域习俗都没有改变，甚至连胡语都没有忘记，这让他的父母感到很惊奇。

所以，李白的母亲便断定儿子一定会喜欢西域血统的女子。好在蜀地不难找到西域血统的女子，在江油地区的蛮婆渡，就有很多外地人和少数民族聚集群，在这些地方为李白找个情投意合的西域女子一点都不难。

李白的母亲是胡人，有着胡人的血统和习俗，也喜欢胡人的女子。因此她事先没有与李白商量，便为李白选了一位美丽的胡人女子。

然而，当李白的父亲得知这件事后，却极力反对，他坚决要给李白娶一位汉人女子，不让他娶胡人女子为妻。父亲是家中的权威，虽然李白在母亲的撮合下见过一次那位胡人女子，心中也十分喜欢，但父亲不许，他也只得遵从父命，断绝了迎娶那位美丽的胡人女子的念想。

这让李白的心灵再次受到了创伤。这位胡人少女从此也郁郁寡欢，不久就因情感受到的严重伤害而患重病死去了。她的坟墓就埋葬在峨眉山的山麓旁，李白离开四川后，经常会怀念这位女子，因此写峨眉山的诗歌也很多。

出于对李白的热爱，蜀地人民也没有忘记这位曾与李白有过朦胧爱情的胡人少女。他们一代代都保护着这位胡人女子的坟墓，一直到现在，她的坟墓仍然被保留着。

这场爱情的悲剧，也是后来导致李白对胡人女子更加衷情的原因，在他以后的很多诗篇中，都曾提到过胡人的女子，并对她们有着生动的描写。

开元十三年（725），李白再次鼓起雄心，佩戴着父亲亲手交给他的那柄祖传的龙泉宝剑，准备辞别双亲，离开蜀地远游，重新寻找出人头地之路。对此，李白自己说：

"以为士生则桑弧蓬矢，射乎四方，故知大丈夫必有四方之志，乃仗剑去国，辞亲远游。"

可以说，李白是抱着很大的志愿离开家门的。但离开四川，他还是感到有些恋恋不舍。当坐船到达湖北宜都时，他就写了一首《荆门浮舟望蜀江》的诗：

> 春水月峡来，浮舟望安极！
> 正是桃花流，依然锦江色。
> 江色绿且明，茫茫与天平。
> 逶迤巴山尽，摇曳楚云行。
> 雪照聚沙雁，花飞出谷莺。
> 芳洲却已转，碧树森森迎。

流目浦烟夕，扬帆海月生。
江陵识遥火，应到渚宫城。

　　虽然离开蜀地，但李白依然想念重庆、想念成都。他觉得眼前这一江春水就是从故乡四川流来的，四川的山也好像在依依不舍地跟随着送别他。可是，他远远地望到江陵的灯火了，原来船已经快到江陵了。

　　从这以后，李白的川外漫游生活开始了。

（三）

　　李白经过三峡到达江陵之后，开始了快意而又自由的漫游生活。这时正值历史上少有的开元盛世时期，盛唐一片繁荣的气象，国家富有，人民生活安定。李白虽然刚到江陵时有些想念故土，但看到江陵与荆州地区物阜民丰，江山秀美，也逐渐开始乐不思蜀了。

　　他经常与一些青年公子外出游赏，游览荆州三国古城，登司马相如台，观赏关羽、张飞庙，甚至还打算到云梦大沼泽地去畅游一番，只因路途较为遥远，一时又找不到同伴，才只好作罢。

　　在荆州游览期间，李白结识了一位出峡而下的儒生吴指南，两人一同漫游。吴指南为人豪爽，重义轻财，与李白志趣相投，很快就成了好朋友。一路上，李白对吴指南也是多方关照，可惜两人到达江陵后，吴指南却一病不起。李白赶紧为他求医问药，精心照料，但吴指南最后还是病死了。

　　同伴的离世，让李白非常难过。他大哭了一场，还穿上孝服，为好友守丧，后来又自己出钱将吴指南的尸首安葬在洞庭湖边，然后只身前往武昌、金陵等地，继续游历。

　　第二年，李白回到洞庭湖时，又掘开吴指南的墓穴，发现吴指南的尸首还未完全腐烂，于是用剑将其遗体削洗停当，背着吴指南的尸骨上路，步行至武昌东面，在那里找了一块好地方，将其遗骨正式安葬，并为好友举行了正式的葬礼。由此也可看出李白是何等的重义气！

对于李白埋葬好友的这种方法，唐朝以后的文献中几乎没有任何相关的记载，直到最近才有学者揭开其中的秘密。按照研究者的说法，这种葬法称为剔骨葬，俗称二次捡骨葬。该葬法起源十分古老，主要流行于中国南方的少数民族地区。

李白的家住在四川绵州的昌隆县，南边即是所谓的南蛮地区。云南洱海地区的南诏国主要由乌蛮（彝族先民）与白蛮（白族先民）组成。他们的葬礼方式有所不同，乌蛮实行火葬，白蛮则实行土葬，还实行二次捡骨葬。

从中也不难看出，李白的文化背景相当复杂，所受文化影响的来源也非常多元。这也是李白不同于其他诗人的地方。

在荆州期间，李白还收到了荆州刺史韩朝宗的邀请。荆州是当时江南的重镇，北通洛阳、长安，南达潭州、广州，向东则直通江宁、扬州及吴越等地，溯江而上可达巴蜀。因此，荆州是个很繁华的城市，聚集的文人墨客也很多。

荆州刺史韩朝宗为了显示自己的文学素养，笼络了一些文人学士在门下充任宾客。李白曾慕名拜访过韩朝宗，韩朝宗对李白的文章也是赞不绝口，因此想聘请李白在他的幕府中任职。但这时的李白刚刚出峡，漫游生活刚才开始没多久，不想入幕任职。所以，他婉拒了韩朝宗的邀请，不久后离开荆州，顺江而下来到岳阳。

在岳阳，李白驾着一叶扁舟在洞庭湖上饱览了湖面风光，并登上洞庭湖中如同一枚青螺一样立于碧波之中的君山，看到君山之上郁郁葱葱的湘妃竹，至今还有斑痕，很受触动。他遥想娥皇、女英两位帝妃，想到舜帝南巡，想到当年秦始皇东巡时路过此地的浩荡情景，不觉勾起了对历史的深切遐思。

此后，李白又登上了岳阳的城楼，观赏洞庭湖的浩淼烟波，看到了孟浩然在岳阳城楼上所题的一首诗，其中有"气蒸云梦泽，波撼岳阳城"的语句，可谓视野开阔，气势恢宏，不觉对孟浩然的才学和胸襟赞赏有加。

（四）

游览完岳阳后，李白又顺江东下，来到武昌，并与一群文人雅士一起游览了黄鹤楼。在黄鹤楼上，李白恰好与唐朝著名诗人王维相遇，两人一见如故。

王维与李白同一年出生，两人相见时都是26岁，可谓风华正茂。二人一起饮酒赋诗，纵横论文，都是满怀豪气，胸怀大志，彼此也十分欣赏。此时王维刚从江南漫游归来，准备到长安去博取功名。而李白刚要到江南漫游，于是王维便向李白讲述了江南一带的风景和人文的繁盛气象，还将他那时已经写出的一首名诗《相思》送与李白。诗曰：

> 红豆生南国，春来发几枝。
> 愿君多采撷，此物最相思。

李白听了王维的介绍后，对江南十分向往，恨不得马上挂帆远航，直下扬州。

临别时，李白与王维一起站在黄河边上，眺望着眼前的滚滚江水，心中豪情汹涌。一些文人雅士都纷纷题诗，以记录这次游历。王维也应景写了一首，李白看罢，感觉其中具有很浓的隐逸情节，诗倒是很雅致，但李白并不欣赏。此刻，他内心正豪气万丈，对王维所写的隐逸诗自然不太放在心上。

但轮到他题诗时，他却久久不肯动笔。这时，李白看到了黄鹤楼上崔颢题写的诗，便随口吟道：

"眼前有景道不得，崔颢提示在上头。"

于是大家都仰头，一同欣赏由崔颢题写在黄鹤楼上的那首著名的《黄鹤楼》诗：

> 昔人已乘黄鹤去，此地空余黄鹤楼。
>
> 黄鹤一去不复返，白云千载空悠悠。
>
> 晴川历历汉阳树，芳草萋萋鹦鹉洲。
>
> 日暮乡关何处是？烟波江上使人愁。

大家都仔细地品读着这首诗，纷纷说道：

"写黄鹤楼的诗歌，这首诗古今堪称第一了。我们写的那些诗哪还敢题在黄鹤楼上啊？"

李白这次虽然没有题写关于黄鹤楼的诗歌，但他所说的那句赞赏崔颢诗歌的话却成为经典之言。

从岳阳到武昌，李白在诗歌艺术上获得了颇多感悟，也接触到了当时最为优秀的诗歌。如孟浩然与崔颢题在岳阳楼、黄鹤楼上的诗句，都是古今最为经典的诗歌。这些诗歌倘若只是读到，可能很难形成强烈的艺术冲击力，但李白亲眼目睹了洞庭湖的山水和黄鹤楼的风光，因此对这两首诗的体会与感悟也更加深刻。这对李白在诗歌艺术的发展上产生了很大的启迪，也促进了李白在诗歌创作上的快速成长。

开元十六年（728）春，李白漫游吴越归来，在黄鹤楼又遇到了孟浩然。孟浩然比李白年长12岁，李白对他很敬重，对他追求自由与独立人格的隐士风格也很赞赏。

此时的孟浩然已经名扬天下，但却很欣赏李白的才华，并不因为自己的名声在李白之上就摆名士的架子。两人携手同游了武昌城。

春天的武昌城，桃红柳绿，景色宜人，两人游遍了城中的大街小巷，喝遍了城内的大小酒馆，喝醉了就在酒家歇息，"醉眠春共被，携手日同行"，日子过得好不惬意。

不久，两人就要分别了，孟浩然准备前往扬州游览，李白则要去洞庭重游。分别时，两人依依不舍。李白在黄鹤楼送别孟浩然，目送老友离去。望着老友渐渐消失在天边的帆船，李白突然灵感大发，遂吟出《黄鹤楼送孟浩然之广陵》这首千古名诗：

故人西辞黄鹤楼，烟花三月下扬州。
孤帆远影碧空尽，唯见长江天际流。

这是李白在诗歌艺术上的一次重大突破。从这以后，李白也逐渐跻身于唐代第一流的诗人之列。

有一次，李白到泾县漫游时，被居于万村的汪伦知道了。汪伦十分想与李白结识，一睹"斗酒诗百篇"的"诗仙"风采，于是修书一封送给李白，设法"骗"其前来作客。书云："先生好游乎？此地有十里桃花；先生好饮乎？此地有万家酒店。"李白接书后欣然而至。然而当他到达桃花潭时，一不见"十里桃花"，二不见"万家酒店"，心中不免疑惑。

汪伦一见李白果然慕名前来，便如实相告："桃花者，潭水名也，并无十里桃花；万家者，酒店主人姓万也，并无万家酒店。"至此，李白才知道自己受"骗"了。但转念一想，这纯粹是汪伦的一片好意，于是哈哈大笑起来。

李白在桃花潭留居数日，汪伦盛情款待。临行时，汪伦情深意切，亲自送李白至桃花潭边，望李白登船而去。李白感其厚意，当即赋《桃花潭绝句》一首以赠，表示对汪伦的深情厚意胜过千尺"潭水"，令诗人终生难忘。

第五章　怀古赋诗

虽长不满七尺，而心雄万丈。

——（唐）李白

（一）

　　江浙一带在唐代就是中国最为富裕的地区，这里风景秀丽，物产丰富，人民生活殷实，文化生活也丰富多彩。而且，这里的女子也格外漂亮，因此民俗也别有情致。

　　李白在游历完湖北一带后，便顺江而下，来到江南。在江南之游的第一站，就是虎踞龙盘的金陵城。

　　金陵的风光与成都颇具相似之处，但气象却比成都显得更加雄伟。这里的莽莽钟山如同一条苍龙一般，盘踞在金陵城的东方；巍巍的石城宛若一头猛虎，雄踞在城市的西侧；云蒸霞蔚的玄武湖掩映在城市的北边；莺歌燕舞的秦淮河则萦回在城市的南面。整座城市可谓虎踞龙盘，是一座典型的帝王之都。

　　来到金陵后，李白同样与一群青年公子纵情游乐，过着潇洒风流的生活。金陵城的公子哥虽然有钱的居多，但却远没有李白出手阔绰。加上李白的豪放个性，能饮酒会作诗，因此不久他就成了这些青年中最受瞩目的人物，并赢得了很好的名声。

　　李白这一时期的诗歌也浪漫放纵，总是得到人们的传诵，这也大大增加了李白的知名度。不久，金陵城里就人人都知道有个从四川来的西域人能吟诗喝酒了。这一切也让李白感到非常自豪和荣耀，于是出手更加阔绰。

　　李白离开金陵时，金陵城中的公子们都前来相送，大家一起簇拥着李白到一家酒馆喝酒，叙别离情。

　　在酒席上，大家更是纷纷向李白劝酒，请李白赋诗。李白非常高兴，于是诗兴大发，对着浩荡的长江水，挥笔写下了《金陵酒肆留别》一诗，以感谢金陵子弟对自己的情谊。诗曰：

> 金陵子弟来相送，欲行不行各尽觞。
> 请君问取东流水，别意与之谁短长？

　　从这首诗中，我们也可以感受到诗人那豪迈奔放的气质和胸襟。

　　当晚，大家送李白出了金陵北门，李白乘船离开金陵，又前往扬州游历。

　　扬州也是一座非常美丽繁华的城市，有著名的二十四桥、扬州十景等。李白到达扬州后，便在瘦西湖里泛舟游赏，在月下的拱桥上散步，观赏着周围宜人的景色，时而纵情高歌，时而低头吟哦，好不惬意！

　　漫游姑苏吴越，也让李白亲身感受到了这一带女子的美丽和多情，他甚至不由得为这里的女子怦然心动。虽然李白没有娶这一带的女子为妻，但却以生动的诗歌语言描叙了这里女子的美丽装扮和男女情爱的场景，表现了这一带浪漫多情的民风民俗。

　　在描述青年男女浪漫的爱情时，李白写下了《采莲曲》一诗。诗曰：

> 若耶溪旁采莲女，笑隔荷花共人语。
> 日照新妆水底明，风飘香袖空中举。

岸上谁家游冶郎，三三五五映垂杨。

紫骝嘶入落花去，见此踟蹰空断肠。

这首诗描写了青年男女两情相悦的动人场景，情调欢快活泼，语言自然流畅，由此也可看出李白诗歌造诣的深厚。

江浙一带浪漫的民俗风情对李白诗歌的浪漫风格形成产生了很大的影响。在李白的浪漫主义诗歌当中，很多都写了吴越一带的景色和吴越的人文历史故事，比如最典型的浪漫主义诗歌《梦游天姥吟留别》中的天姥山，就位于浙江境内，而李白所推崇的谢灵运等也都是吴越一带的人物。

因此说，吴越美丽的景色，吴越一带的民俗风情，陶冶了李白的浪漫主义情操，让李白的诗歌中也充满了浪漫洒脱与青春气息。

（二）

在金陵期间，李白除了感受到金陵的浪漫气息外，还由金陵古今的沧桑变迁看到了历史的苍茫。金陵是六朝古都，但当时古都的风貌已经消失得无影无踪了，这让李白对历史的变迁发出了无尽的感慨。在《金陵三首》中，李白写道：

地拥金陵势，城回江水流。

当时百万户，夹道起朱楼。

亡国生春草，王宫没古丘。

空余后湖月，波上对瀛洲。

此时的六朝古都已经衰落，对诗人李白来说，它无疑是一部内容丰富的历史教科书。

吴越一带是春秋战国时期吴越两国争霸的地方，留下了许多历史古迹。作为一位立志要匡扶天下的青年人，李白的内心是十分钟情于历史的，因此对这里的名胜古迹免不了要凭吊一番，从中感悟，抒发情怀。

游完金陵后，李白又来到姑苏（今苏州），并登上姑苏台。姑苏台位于今苏州市西南方向的姑苏山上，为吴王夫差费时3年筑成。姑苏台横亘5里，建筑时耗费了巨大的人力物力。另外，夫差还造了天池，池中造青龙州，夫差每日在舟中与西施嬉戏作乐，结果导致了吴越之战的败亡。

李白想起吴王夫差的荒淫无度，感怀而作《乌栖曲》，以讽刺昏庸无道的统治者：

姑苏台上乌栖时，吴王宫里醉西施。
吴歌楚舞欢未毕，青山犹衔半边日。
银箭金壶漏水多，起看秋月坠江波。
东方渐高奈乐何？

这首诗写了吴王夫差在姑苏台上携西施通宵荒淫游乐的情景，直到第二天太阳升起，仍觉不够尽兴。其中，"东方渐高奈乐何"一句是全诗的点睛之笔，深刻地反映了吴王沉醉游乐的行为。后来，贺知章将这首诗赞为"泣鬼神"之作。

除了以上这首诗外，李白在姑苏台还写了一首表达古今沧桑巨变的哲理思索的名诗，即《苏台览古》。诗曰：

旧苑荒台杨柳新，菱歌清唱不胜春。
只今惟有西江月，曾照吴王宫里人。

后来离开姑苏，游览越中时，李白又写了《越中览古》一诗，同样是表达历史兴衰巨变的哲理思索。诗曰：

> 越王勾践破吴归，义士还家尽锦衣。
> 宫女如花满春殿，只今惟有鹧鸪飞。

这两首诗，前一首是凭吊战败的吴国宫廷，后首则是凭吊战胜国的宫廷。但无论战败国还是战胜国，曾经的宫廷欢乐如今早已消失得无影无踪。古今的盛衰形成如此鲜明的对比，诗人不由得叹息繁华之易尽，感慨盛世之难留，其中饱含着古今兴衰变幻无常的哲理。

通过对历史古迹的缅怀，李白也深刻地总结出了历史兴衰更迭的规律，其中也包含了对唐王朝统治者的规劝与讽喻。这些咏史怀古的诗歌，都是借古喻今的讽世之作，突出了诗人的独特见解，同时也尖锐而深刻地揭露了统治者的荒淫无度，具有深刻的现实意义与警世作用。

在黄鹤楼公园的东边，有一名为"搁笔亭"的亭子，亭名取自"崔颢题诗李白搁笔"的一段佳话。据说，唐代诗人崔颢登上黄鹤楼赏景时，写下了一首千古流传的名作："昔人已乘黄鹤去，此地空余黄鹤楼。黄鹤一去不复返，白云千载空悠悠。晴川历历汉阳树，芳草凄凄鹦鹉洲。日暮乡关何处是，烟波江上使人愁。"后来，李白也登上黄鹤楼，顿感胸襟开阔，诗兴大发。正要提笔写诗时，却见崔颢的诗，李白自愧不如地说："一拳捶碎黄鹤楼，一脚踢翻鹦鹉洲。眼前有景道不得，崔颢题诗在上头。"崔颢题诗，李白搁笔，从此黄鹤楼名气大盛。

第六章　入赘许家

三万六千日，夜夜当秉烛。白日何短短，百年若易海。

——（唐）李白

（一）

漫游吴越之后，李白又重游了扬州。扬州历来都是繁华之地，这也令李白每天的开支都很大。而李白又是个轻财好义之人，动不动就要出手阔绰地接济一些落魄公子。本来他身上带了不少钱出来，但由于经常接济别人，不到一年的时间，"散金三十余万"，父亲给他的钱都花完了。如今的李白，从一个腰缠万贯的纨绔子弟变成了一个一名不文的流浪汉。

由于身无分文，曾经那些围在身边的朋友逐渐都散去了。旅馆老板脸上的春风也很快变成了秋霜，美酒佳肴变成了粗茶淡饭。此时的李白，真正感受到了世事的缥缈与人情的冷漠。从前有钱时，身边应者如云，常常都是"金樽美酒斗十千，玉盘珍羞直万钱"。如今，这一切全都成了过眼云烟。

陷入生活困境之中的李白，不得不收起几年来他那漫游江浙的浪漫心境，收起他那理想主义的浪漫幻想，开始寻求仕途之路。

其实，李白刚到金陵时，就曾拜访过当地的地方官员。但那时他尚不曾为生活所迫，所以拜访求官也不那么急切，与达官贵人们对话也都以平等的身份进行。但现在不一样了，自己已身无分文，加上漫游几年来仕途上的碌碌无为，让李白感到了光阴的紧迫，正催促着他努力求索一条出路。因此，他不得不收起高傲的自尊，求救于权门。

但令李白万分郁闷的是，他在扬州的拜访都失败了，甚至可以说是"十谒朱门九不开"。同时，李白也体会到了官僚们的嚣张气焰，让李白的内心感到愤怒难平，这也逐渐形成了李白对中原官僚体制的不满心理。

为表达自己强烈的愤怒之情，李白作了《梁甫吟》一诗。诗曰：

长啸梁甫吟，何时见阳春？
君不见，朝歌屠叟辞棘津，八十西来钓渭滨。
宁羞白发照清水，逢时壮气思经纶。
广张三千六百钓，风期暗与文王亲。
大贤虎变愚不测，当年颇似寻常人。
君不见，高阳酒徒起草中，长揖山东隆准公。
入门不拜逞雄辩，两女辍洗来趋风。
东下齐城七十二，指挥楚汉如旋蓬。
狂客落魄尚如此，何况壮士当群雄！
我欲攀龙见明主，雷公砰訇震天鼓。
帝旁投壶多玉女，三时大笑开电光，倏烁晦冥起风雨。
阊阖九门不可通，以额扣关阍者怒。
白日不照吾精诚，杞国无事忧天倾。
猰貐磨牙竞人肉，驺虞不折生草茎。

手接飞猱搏雕虎，侧足焦原未言苦。

智者可卷愚者豪，世人见我轻鸿毛。

力排南山三壮士，齐相杀之费二桃。

吴楚弄兵无剧孟，亚夫哈尔为徒劳。

梁甫吟，声正悲。张公两龙剑，神物合有时。

风云感会起屠钓，大人嵲屼当安之。

在这首长诗中，李白勾勒了如姜子牙、郦食其、晏子等历史人物的形象与功绩。这些人物都辅助君主成就了一番丰功伟业。李白作此诗的目的，一是缅怀这些先人的伟大功绩，另一方面也表达了他对中原官僚体制的不满，同时相信风云际会自有时，表现了李白的傲骨与对未来的信心，以及他那强烈的反叛精神。

（二）

生活的贫困加上入仕的失败，让李白的精神遭到沉重的打击。尤其是自己不被中原科举文化接纳，以及因出身而不被中原官僚们欣赏和认可，更让李白感到忧愤难平，同时也让李白感到前途的灰暗。这种挫败感及对现实的失望使他本来青春健康的身体快速枯萎下去，脸上洋溢的青春光彩也渐渐暗淡了。

屋漏偏逢连夜雨。就在一穷二白，仕途也不顺利之时，李白偏偏又生了一场大病。在贫病交加的逆旅中，李白孤独地咀嚼着生活的苦楚，不知自己未来将何去何从。此时的李白，只能将自己的满腹愁思写成一首五言诗《淮南卧病书怀，寄蜀中赵征君蕤》，寄给自己敬爱的老师赵蕤。诗曰：

吴会一浮云，飘如远行客。

功业莫从就，岁光屡奔迫。

良图俄弃捐，衰疾乃绵剧。

古琴藏虚匣，长剑挂空壁。

楚冠怀锺仪，越吟比庄舄。

国门遥天外，乡路远山隔。

朝忆相如台，夜梦子云宅。

旅情初结缉，秋气方寂历。

风入松下清，露出草间白。

故人不可见，幽梦谁与适。

寄书西飞鸿，赠尔慰离析。

此时的诗人似乎陷入了穷途末路的境地，病情也日益严重，似有沉疴不起之忧。想到自己还一事无成，就可能要病死于斯，李白的心情更加沉痛。无奈，他只好写信给远在四川的老师兼挚友倾诉自己的思念与痛苦之情。

李白扬州卧病期间的艰难生活，也让他与官僚之间拉开了一条长长的心灵沟壑，同时也增强了他对官僚们的反抗心理，使他开始走上一条对世俗的反抗和不屈的道路，在诗歌上也走上了一条与儒家文化完全相反的、不受拘束的自由豪放之路。

此次贫病的生活，漂泊无依的旅途，也让李白深刻地感受到了世间的冷暖艰辛。这些经历可以说是李白一生性格、诗歌与命运的转折点。从此，李白对人生开始有了新的认识，他的命运也开始有了新的转折，他的诗歌的自由不羁的风格也开始变得更加成熟。同时，他那些曾经青春浪漫的生活也在繁华的扬州烟柳中结束。从此，李白开始了一段充满悲壮色彩的人生历程。

就在李白即将拖着病体流落街头时，幸得扬州州治所在地的江都县衙中一位当县令的朋友孟少府的援助。孟少府不但亲自来看望李白，还派人给他送来一笔钱。同时，孟少府还为李白延请名医，广求良药，这才让李白的病情有了转机。

身陷孤独与病痛中的李白，不知不觉开始思念起家乡来。一天夜里，他躺在病床上，窗外皎洁的月光照在窗前，思乡之情不觉又涌上心头，李白不禁吟出了那首尽人皆知的《静夜思》：

床前明月光，疑是地上霜。
举头望明月，低头思故乡。

（三）

在今天湖北的安陆县与应山县之间，有一座名叫寿山的小山。李白病好后，曾在那里隐居过一段时间。为此，孟少府特写了一篇"移文"，责怪李白不该隐居在这座不知名的小山之中，埋没自己的才学。

李白于是写了《代寿山答孟少府移文书》，回应孟少府。在文中，他认为寿山"小山无名，无德而称焉。关乎斯言，何太谬之甚也！""达人庄生常有余论，以为尺鷃不羡于鹏鸟，秋毫可并于太（泰）山。由此而谈，何小大之殊也！"

这两句话的意思是说，在庄子看来，小鸟尺鷃与鹏鸟没有什么区别，很细的毫毛与高高的泰山也没什么不同。"乃知岩穴为养贤之域，林泉非秘密之区"，高士隐居在什么地方都可以。

李白在文中以寿山的口吻反驳了孟少府的责难，同时也说明了自己的志向与做人的理想。

在寿山隐居一段时间后，李白又来到湖北省安陆县。安陆的南边就是富有神秘色彩的云梦泽，中国古代的楚辞与汉赋中经常提到，司马相如在《子虚赋》中盛称云梦泽。李白则说：

"见乡人相如大夸云梦之事，云'梦有七泽'，遂来观焉。"

他本来想漫游云梦的，但孟少府见李白是个人才，于是就想为他寻一门亲事，以便他能有个依靠。因此，他就向李白推荐了安陆县的一个大户人家，想让李白到这个大户人家做上门女婿。

这个居住在安陆县的大户人家姓许，是世代簪缨的名门望族，钟鸣鼎食之家。许家有一位品貌双全的许小姐，其曾祖许邵为唐高祖李渊的同窗，其祖父许圉师为唐高宗时期的宰相，父亲在唐中宗时也曾当过员外郎。

许小姐虽然出身名门，但性格贤淑，才学甚高。只因眼光较高，择婿过苛，才耽误了婚事，一晃就到了25岁。

开元十五年（727），在孟少府的撮合下，27岁的李白入赘到许家。在古代，男尊女卑思想比较严重，妇女的地位也相对较低；女性结婚，都是嫁到夫家，生儿育女，操持家务，男女角色的这种区别被认为是理所当然的。而通常男子入赘到妻子家中都会受到轻视。事实上，也只有一些家境贫穷、地位低下的男子才会选择入赘。但李白深受西域文化影响，传统观念比较淡薄，因此似乎并不在意到许府去做上门女婿。

李白入赘许家后，看到许家作为中原的名门望族，竟是一个十分传统的"奉儒守礼"的大家庭，有着许多繁琐而讲究的礼仪，这是一般的小户人家所不具有的。

李白对这些中原大户人家的礼仪很感兴趣，认为这是中原文化的精髓所在，因此对这套立法也严格奉行。如夫妻相见，也要相互施礼；进食时，要烧香鸣钟，保持肃穆安静；每日晨昏时，要两省父母；等等。

李白在四川期间，多年不回家，更谈不上晨昏拜见父母了；而且他的家境虽然殷实，但也只是个普通的商人家庭，根本没有这一套严格的礼法章程，因此他以前都自由自在惯了。现在入赘许家，虽然开始时对这些繁琐的礼仪很感兴趣，但时间长了，便觉得过于约束，也开始不习惯起来。

因此，李白与许氏结婚后不久，就同妻子商量，想找一个清静的地方去读书。许氏也十分支持丈夫，并说他们家在城西北60里的白兆山上有一处产业，是祖父许圉师的读书堂，那里还有很多藏书，可以供李白阅读。

李白非常高兴，随后便收拾一些简单的行李，带上妻子和一个仆人，搬到白兆山去了。

白兆山为李白提供了良好的读书生活环境，李白每天都在这里读书、赋诗、做学问，十分惬意。李白所作的《山中问答》中云"笑而不答心自闲"，正说明了他当时的雅兴。

而且，妻子每天都陪在李白身边，与他一起读书赋诗，还照顾他的饮食起居，更让李白备感温馨。这是李白在漫游过程中远远体会不到的优越，让他在漫游干谒中所经受的心灵创伤得到了极大的抚慰。

（四）

居住在白兆山期间，虽然每日可以读书赋诗，学习中原深厚的文化，但久而久之，李白又不免有些孤独冷清。李白是个喜欢热闹的人，也喜欢那种受人瞩目的感觉。而山里人烟稀少，连来拜访他的人都很少见，读书闲暇之时，也只能对着溪水弹琴吟诗，却又没有欣赏的知音。因此，李白不由想起了伯牙和钟子期的故事，并对着溪水发出"钟期久已没，世上无知音"的叹息。

恰在烦闷之时，李白听说荆州大都督府长史韩朝宗兼任山南东道采访使，治所就设在襄阳，并且已经到任。李白刚从四川出峡到达荆州时，曾拜访过韩朝宗，韩朝宗对李白的才华也十分欣赏，当时还希望李白能留在他的幕府任职。但李白当时要漫游天下，因此婉拒了韩朝宗的邀请。现在，韩朝宗又来到襄阳，正是前去拜谒的好机会。

因此，李白辞别妻子，来到襄阳，准备拜访韩朝宗，以寻找入仕之途。这天，襄阳城中山公楼上，宾客满座，新任荆州长史兼山南东道采访使韩朝宗正在这里宴请当地名人。

韩朝宗在众官吏的簇拥下走上楼，在首席坐定后，宾客们纷纷跪拜。但李白却不行跪拜之礼，他头戴高冠，腰佩长剑，昂首阔步走上前，向韩朝宗深施一礼后，说道：

"草民李白拜见韩大人！"

韩朝宗好像已经不认识他了，眉毛一扬，没理会李白。这时，左右执事走上前叱责道：

"见到大人，为何不跪？"

李白从容不迫地回答说：

"我以布衣觐见使君，正该长揖不拜。"

韩朝宗见李白说得有理，便挥挥手，示意左右退下，然后请李白入座。当然，李白是被安排到末席就坐的。

酒过三巡之后，李白站起来，又向韩朝宗施礼说道：

"晚生李白有一份自荐表，因怕有污韩大人视听，所以不敢示人！"

韩朝宗说道：

"但观无妨！"

于是，李白将事先准备好的那封《与韩荆州书》毕恭毕敬地呈送给韩朝宗。韩朝宗接过来只看了几眼，眉颜便舒展开来，继而笑着对众人说：

"老夫今日读此雄文，方知人生得一知音矣！"

众人一听，立刻纷纷赔着笑脸，向坐在末位的李白敬酒祝贺。

韩朝宗又对众人说：

"李白可谓才华横溢，文章写得更是出类拔萃，真是令老夫今日大开心颜啊！"

说罢，便命手下将《与韩荆州书》读给众人听，文中写道：

……所以龙盘凤逸之士，皆欲收名定价于君侯。愿君侯不以富贵而骄之，寒贱而忽之，则三千之宾有毛遂，使白得脱颖而出，即其人焉。

……

幸愿开张心颜，不以长揖见拒。必若接之以高宴，纵之以清谈，请日试万言，倚马可待。今天下以君侯为文章之司命，人物之权衡，一经品题，便作佳士。而君侯何惜阶前盈尺之地，不使白扬眉吐气，激昂青云耶？

……

在文章中，李白还对韩朝宗进行了一定程度上的吹捧，但却又不显得奴颜媚骨，显示了他不卑不亢、平交王侯的性格。这样的文章也展示了李白对自己才华的高度自信，以及他的狂傲豪气。同时，文章也表现了诗人积极的入世态度，流露出士为知己者用的思想。

然而，韩朝宗虽然表面上欣赏李白，内心却对李白表露出的狂傲有所不满。他最后对李白说：

"先生文章气傲江湖，才华盖世，实在不是一个小小的安陆能容纳得了的，最好还是直接去京城找皇上吧！"

李白自然也听出了韩朝宗的讥讽之意，因此感到气愤异常，遂甩头而去。

（五）

虽然入仕屡遭挫折，李白却还是不死心。从襄阳回到安陆后，他依然经常出现在安陆县上流社会的宴会上，希望能够结识官员，获得官员的赏识和举荐。

有一次，夜里赴宴结束后，李白喝多了酒，便骑着马摇摇晃晃地往家走，不小心撞到了对面过来的都督府李长史的车马上。按规矩，李白应该在10丈远以外就回避让路。一旦违反了这一规矩，轻则当场吃顿鞭子，重则被官府捉去，挨一顿板子。

李长史见面前是个喝得醉醺醺的读书人，便厉声责骂李白目无尊长，有意冲撞他的大驾。按李白狂傲的个性，他定然会起来反抗，但此时的李白为了讨好官老爷，不得不当场低三下四地道歉。

李长史得理不饶人，仍然厉声骂道：

"你不要再花言巧语了！我最厌恶你们这些读书人，目无尊卑，小瞧官府。你必须写一份伏罪状，到本府门下负荆请罪，方可饶你不受惩罚！"

李白虽然心中愤怒，但也不得不答应下来。回到家后，李白按捺下平时的傲气，写了一篇认罪书——《上安州李长史书》，用连篇累牍、诚惶诚恐的词句，表达自己"认错"的诚心。其中有：

> 何图叔夜潦倒，不切于事情，正平猖狂，自贻于耻辱。一忤容色，终身厚颜，敢昧负荆，请罪门下？

第二天一大早，李白就带着认罪书，背负荆条，到长史府门请罪。安陆县百姓见李白跪在长史门前的台阶上，身上背负着荆条，都感到很奇怪。一时间，李白的周围聚满了人，这其中有许多人都认识李白。

直到中午，草草看过认罪书的李长史才下令让李白回去，表示不再治他的罪。但不久，李长史就在这份认罪书上加上批语，将其一并送到都督府去了。安州都督马正会本来打算举荐李白的，结果看了这份认罪书后，从此举荐一事就没了下文。

李长史不久就离任了，接替他的是一位裴长史。这位裴长史倒是位爱才之人，为人也颇为豁达大度，李白对裴长史抱有很大的希望。

裴长史上任后，与李白见过几次面，对李白的印象也很不错。这年的八月初五，是唐玄宗45岁的生日，全国上下大肆庆贺，安陆县的都督府内也举行了宴会，李白应邀出席。

在宴会上，李白表演了剑术，引得堂上堂下一片喝彩之声，裴长史也对李白的剑术赞叹不已。随后，裴长史便叫李白整理一份"行卷"，表示要将李白举荐给皇上。

李白非常高兴，觉得自己的出头之日终于就要到来了。

然而偏偏在这时，李白身上又发生了一件"犯夜"之事。这天，李白到城郊与一位老僧谈论佛学，天色很晚才回来。按规矩，这个时候街上是不能有行人的。但李白是个自由散漫之人，对这些规矩一向轻视。结果，李白被巡夜兵拦了下来。

这本来是件可大可小的事，但李白才学横溢，难免引来周围人的嫉妒。因此，有人便据此恶意诽谤李白，称他经常在外聚赌宿娼，并传播出去。

裴长史很快就听到了这些消息，认为李白辜负了自己的一番栽培，让他颜面尽失，结果李白后来去拜访多次，裴长史都避而不见。

李白不得已，又写了一篇长长的书信《上安州裴长史书》，以解释误会，并讲述自己的生平与为人，期望长史"终乎前恩，再辱英盼"，不要将自己拒之门外。当然，如果长史"赫然作威，加以大怒"，李白也会"永辞君侯，黄鹄举矣"。

但是，李白最后又说：

"何王公大人之门，不可以弹长剑乎？"

意思是说，王公大人多着呢，我到哪里不能做一个门客呢？这句话再一次反映了李白的高傲，但裴长史看到这样的话，自然是不会高兴了。因此，上书后的李白也没有得到裴长史的任何消息，向皇帝举荐一事自然也没了结果。

第七章　独闯长安

人生贵相知，何必金与钱。

——（唐）李白

（一）

由于入仕不顺，且多次受到官僚的玩弄与欺诈，李白逐渐对官场产生了失望情绪。在逐渐看清官僚们的真面目后，他不得已只有用恰当的词汇当时有名的隐士，以求在道学上有所进展。

李白首先来到江陵，拜见了当时著名的隐士司马承祯。司马承祯一见到李白，就连声惊呼他有"仙风道骨"，这显然是对李白学仙的一种鼓励。为此，李白特作《大鹏赋》一文，用寓言的形式记叙了这次会晤。

在这首诗中，诗人通过"激三千以崛起，向九万而迅征"的大鹏形象，抒发了自己的远大抱负。诗人以大鹏自居，将司马承祯比作希有鸟，表示他们要共同超然于物外，实现道家的理想。

随后，李白又认识了道教中的另一位著名人物胡紫阳。在道家中，按辈分胡紫阳相当于司马承祯的弟子。在随州，胡紫阳建了一所餐霞楼，李白的好友元丹丘便在这里向胡紫阳学道。李白经常来这里与他们一起谈玄论道，并与胡紫阳相约一起游历天下，遍访名山，老于云海，志不可夺。从中也可以看出李白在学道上所下的巨大决心。

此时的李白，虽然与胡紫阳、元丹丘等人一起求仙问道，但对尘世依然不能忘怀。学道的同时，他也在寻找从政的机会。为此，李白时常在学道与入仕的痛苦中徘徊。

但李白学道学得还是很成功的，尤其是他跟随这些道家的著名人物学习道术，对他的影响非常大。他的全身心都投入到修道之中，对道术的领悟也日渐深刻，甚至达到了一个全新的境界，而且，他的容颜也达到了道家要求的境界，如具有了"仙风道骨"，"眸子炯然，哆如饿虎"，"双眸光照人"，以至于后来他一到长安，贺知章就称呼他为"谪仙人"，这与他潜心修道有着很大关系。

可以说，道教影响了李白的一生。早期，他以道家的处世态度去追求儒家的入仕理想；入宫后，他又用道教的处世态度来与皇帝和权臣相处。因此，他虽然在仕途上失败了，但在文学上却获得了空前的成功。

李白在安陆县居住了大约10年时间。在这10年间，李白没有取得什么成就。在《秋于敬亭送从侄专游庐山序》中，诗人也说道：

"酒隐安陆，蹉跎十年。"

有感于自己十年的蹉跎，且一事无成，李白于开元二十年（732）前后决定离开安陆，到都城长安去谋求生路，实现自己辅佐明君的愿望。

李白离开安陆后，经过南阳，向长安进发。一路上，李白积极结交地方官员，并广交诗友。此后，他的行踪主要是来往长安、洛阳及附近的一些地区。

唐朝帝国的首都长安城横亘在渭水平原之上，远远望去，就像是九天里的宫阙，连绵起伏，一眼望不到边。

走近一看，长安城墙高大宏伟，气势壮观。整个城墙一周有80里，里面宫殿华美，园林秀丽，商业发达。这里既是全国的政治经济中心，也是文化艺术中心。唐代的许多诗人都到过长安，在那里逗留，并写下了许多歌咏长安的诗篇。

再往上望，便是一座整齐的城堞，站着头戴羽盔、身穿金甲、手执长戟的禁军。再向上看，就是巍然耸峙的城楼，飞檐山脊和雕梁画柱如同镶嵌在蓝天之上，只看得李白眼花缭乱。

（二）

长安城繁华的景象让李白大开眼界。在李白看来，天下再也没有比这里更加美好的地方了，李白真想一下子就将整个长安城游遍。但那么多的景致，怎么能一下子游完呢？

于是，李白只好先住进一家客栈，准备休息一下，第二天接着游览长安。

进入客栈后，李白先在楼下落座，准备吃点饭。刚坐下，就听到邻桌的几个人在谈论着宫中的斗鸡之事：

"今年二月，皇帝下诏，让宫廷百官每逢休息时都尽情游乐。从宰相到员外郎，都各赐钱五千，专供游乐之用。这样一来，斗鸡场、跑马厅的生意就更加红火了！"

李白一听，感到十分好奇，就转过身问道：

"他们是只看热闹，还是也赌输赢呢？"

"当然要赌输赢了，而且排场还很大呢！就拿斗鸡来说，他们不但下注大，还专门养一些斗鸡小儿，专门训练雄鸡。长乐坊贾昌那小子，就是靠训鸡当上官的！"邻桌的人回答说。

另一个也附和着说：

"这年月，生儿不用识文字，斗鸡走马胜读书啊！"

李白听了，简直不敢相信世上还有这样的事。他想起开元初年时，皇帝纳谏诤，焚珠宝，禁女乐，罢奏祥瑞，亲耕籍田，种种英明措施，虽古之圣君也不过如此。而如今，不过十几年的时间，皇帝就变成这样了。这让李白初来长安时的兴奋心情一扫而空。

吃完饭后，李白走出客栈，在大街上转了一整天，直到华灯初上才回到客栈。本来他是想写几首诗歌颂一下长安帝都的繁华富裕气象的，但如今皇帝重视享乐，斗鸡走狗之徒横行，这让他对国家的命运充满了深切的忧虑。他不由得以忧患的心情写下了一首《古风》。诗曰：

> 一百四十年，国容何赫然！
> 隐隐五凤楼，峨峨横三川。
> 王侯象星月，宾客如云烟。
> 斗鸡金宫里，蹴鞠瑶台边。
> 举动摇白日，指挥回青天。
> 当途何翕忽，失路长弃捐。
> 独有扬执戟，闭关草太玄。

在这首诗中，诗人一开始写了大唐繁荣强盛的峥嵘气象，但诗人的目光不仅仅看到了唐王朝的强盛，更重要的是看到了唐王朝表面繁荣背后隐藏的社会矛盾。他以强烈的忧患意识，感知到了盛唐强大繁荣背后潜伏的重重危机。这种思想具有深刻的现实主义与警戒作用，反映了李白的忧国忧民意识及爱国之情。

当时的唐王朝，也确如李白所揭露的那样。玄宗初年，开元之治的巨大成功，国泰民安的繁盛景象，让唐玄宗彻底陶醉了。在道家清静无为的观念影响下，他开始躲入深宫，与一群嫔妃享受人生的乐趣，将政事等都交给李林甫、杨国忠等人处理。在这种情况下，李白看到的景象也就不足为奇了。

在过去的30年间，李白都生活在盛唐之中，他也以为国家正值繁荣昌盛之际。等他来到长安，看到朝廷的日渐腐朽黑暗，所谓的盛唐气象已经成为一个空壳，他开始变得清醒起来，对盛唐也有了更为深刻的认识，从而忧国忧民之心也日渐强烈起来。

（三）

来到长安后，李白不久便搬到好友许辅乾家中，等着许辅乾帮其举荐。但许辅乾也没有这个能力，不过他想到了右丞相张说比较适合推荐李白，一来张说一向喜欢推荐贤士，二来张说的儿子张垍是驸马爷，皇室宁亲公主的丈夫，且擅长应制诗文，很得皇上宠爱，是能在皇上面前说上话的人。

其时，张说正卧病在床，许辅乾以探病为由带着李白来到张府求见，受到张垍的接待。许辅乾说明来意后，张垍热情地答应帮忙举荐，并说过几天会到许府就教。

几天后，张垍果然前来，并说想好了一个荐举李白的方法。他说，皇帝有个亲妹妹玉真公主，信奉道教，在钟南山修建了一所别馆。那里山清水秀，别有洞天，因此他建议李白去那里等候玉真公主的援引。张垍还非常有把握地说：

"由玉真公主推荐贤士，定然可面见皇帝，青云直上。"

李白非常高兴，遂听从张垍的建议，住进了钟南山玉真公主的别馆中。玉真公主好道，后出家，并在长安附近的钟南山建造了别馆。公主还喜欢结交文人雅士，著名诗人王维、高适等，均拜访过公主并赠诗。

然而令人失望的是，李白在别馆中住了多日，始终没能见到玉真公主。这让李白感到十分烦闷，遂写了《玉真公主别馆苦雨赠卫尉张卿二首》。诗曰：

其一

秋坐金张馆，繁阴昼不开。

空烟迷雨色，萧飒望中来。

翳翳昏垫苦，沉沉忧恨催。

清秋何以慰，白酒盈吾杯。

吟咏思管乐，此人已成灰。

独酌聊自勉，谁贵经纶才。

弹剑谢公子，无鱼良可哀。

其二

苦雨思白日，浮云何由卷。

稷契和天人，阴阳乃骄蹇。

秋霖剧倒井，昏雾横绝巘。

欲往咫尺途，遂成山川限。

漻漻奔溜闻，浩浩惊波转。

泥沙塞中途，牛马不可辨。

饥从漂母食，闲缀羽陵简。

园家逢秋蔬，藜藿不满眼。

蟏蛸结思幽，蟋蟀伤褊浅。

厨灶无青烟，刀机生绿藓。

投箸解鹔鷞，换酒醉北堂。

丹徒布衣者，慷慨未可量。

何时黄金盘，一斛荐槟榔。

功成拂衣去，摇曳沧洲傍。

这首诗有些抱怨，但说得又很含蓄。他对张说父子将他置于终南山下的玉真公主别馆感到有些不满，但又不便直说；碰巧又遇淫雨连绵，生活艰难，让诗人颇有受愚弄之感，故作此二首诗以抒发心中的愤懑。

李白还给玉真公主赠诗《玉真仙人词》。诗曰：

玉真之仙人，时往太华峰。

清晨鸣天鼓，飙欻腾双龙。

弄电不辍手，行云本无踪。

几时入少室，王母应相逢。

诗中对玉真公主热情称颂，称玉真公主是仙人，西上华山，腾云驾雾，转瞬间便不见了踪影，修炼的功夫很深。但是，李白却始终没有看到任何希望。

在此期间，李白还向其他的王公大臣请求，但都没什么结果。

李白的第一次入京活动大约持续了两年的时间，最终毫无结果。随后，他游历了邠州（今陕西省旬邑县）、坊州（今陕西省延安市黄陵县）等地，写下的诗篇多以不遇知音、深感失意为主题。

但是，李白始终没有忘记自己的理想，"何时腾风云，搏击申所能？"在《赠郭季鹰》一诗中，他也写道：

> 耻将鸡并食，长与凤为群。
> 一击九千仞，相期凌紫氛。

对于李白来说，在这种落魄失意的境况之下，尚能执着于自己的理想与志愿，渴望实现自己的价值，的确难能可贵。

第八章　救郭子仪

骐骥筋力成，志在万里外。

——（唐）李白

（一）

　　李白在长安四处奔走，寻找进入仕途的机会，但始终都是满怀希望而去，一腔失望而归。无奈之下，李白只好离开京城，乘船自黄河东下，到达梁宋，游览了梁园遗古平台（在今河南商丘）。游览之际，李白又写下了著名的《梁园吟》：

> 我浮黄河去京阙，挂席欲进波连山。
> 天长水阔厌远涉，访古始及平台间。
> 平台为客忧思多，对酒遂作梁园歌。

　　诗人想到自己如今身在异乡，前途茫茫，自问"路远西归安可得"？不禁愁上心头。但诗人笔锋一转，又写到：

> 人生达命岂暇愁，且饮美酒登高楼。
> 平头奴子摇大扇，五月不热疑清秋。

玉盘杨梅为君设，吴盐如花皎白雪。
持盐把酒但饮之，莫学夷齐事高洁。
昔人豪贵信陵君，今人耕种信陵坟。
……
梁园宫阙今安在？枚马先归不相待。

李白说，梁园的宫殿如今早已灰飞烟灭了，枚乘、司马相如当时都是梁王的宾客，备受重视，如今也早已不在人间。战国时期的信陵君闻名天下，如今人们却在他的坟上种庄稼。领悟命运的人哪有时间发愁呢？还是畅饮美酒吧！

但在诗的结尾，李白还是念念不忘自己的志向：

东山高卧时起来，欲济苍生未应晚。

深秋时节，李白到达洛阳，依旧是入仕无门，空有一腔抱负。洛阳附近有一处名胜叫龙门，传说是大禹治水疏导洪水时开凿龙门山留下的痕迹。

李白在龙门一直逗留到冬天。一天，他饮酒大醉，半夜醒来，忽然诗兴大发，感慨无限，提笔作《冬夜醉宿龙门觉起言志》一诗。诗曰：

醉来脱宝剑，旅憩高堂眠。
中夜忽惊觉，起立明灯前。
开轩聊直望，晓雪河冰壮。
哀哀歌苦寒，郁郁独惆怅。
……
而我胡为者？叹息龙门下。
富贵未可期，殷忧向谁写？

去去泪满襟，举声梁甫吟。

青云当自致，何必求知音？

李白居住在洛阳期间，写下了不少描写自然风光的诗篇。后来，他又到嵩山隐居。嵩山是道教圣地，上有很多著名的道观。李白的好友元丹丘就住在这里，他屡次邀请李白前来做客。

元丹丘出身于官宦世家，本有用世之心，也曾积极参加科举考试，但屡屡落第。此后，他便舍弃入仕之心，专心研究老庄的清静无为之学，潜心研究神仙方术。

李白来到元丹丘的住处颍阳山居后，对这里十分喜爱。这里群山连绵，云岩掩映，环境十分幽美。为此，李白特作了一首《题元丹丘颍阳山居》诗，以描写这里美好的景致，抒发自己对这里的喜爱之情。诗曰：

仙游渡颍水，访隐同元君。

忽遗苍生望，独与洪崖群。

山中环境清静幽雅，李白真想长期隐居此地，再也不提拯救苍生的愿望。但是，他最后还是想做出一番事业。

（二）

在嵩山居住了一段时间后，李白开始感到生活的百无聊赖。恰在此时，李白收到了友人元演的信，邀请他同游太原。

开元二十三年（735），35岁的李白应元演邀请，动身前往洛阳与元演相会。随后两人启程，翻越太行山来到山西。元演的父亲时任太原府尹，以前曾是一名驻守边塞多年的将领，也雅好文士。李白来到山西后，就住在元演家中，元演的父亲对李白的才华欣赏不已。

在太原期间，李白和元演游览了很多名胜古迹，并为当地的官员们写诗作赋，其惊人的才华获得了众人的惊叹和赞赏，大家都十分欣赏李白的才华。

有一次，李白随同一些边塞将领外出狩猎，元演和他的父亲也在队伍中。队伍刚从军营辕门出来，迎面就碰见一群士兵押解着一位大汉向辕门走来。由于天气寒冷，这位被押解的大汉被冻得瑟瑟发抖，但他的目光却如火炬一般明亮。

李白一下子就被这个大汉的目光吸引住了，他急忙下马，上前问道：

"此人犯了什么罪？"

押解兵士说：

"这个士兵在看护兵器时，丢了10把刀剑。"

"按军法，这士兵该受到何种处置？"李白又问。

"当受杖刑一百。"兵士回答。

李白再次看了看这个大汉，只见他始终不肯低头，进入辕门，头依然高高扬起。李白觉得这大汉定然是桀骜不驯，意志坚定，心里感到十分可惜。要是在这寒冷的天气里受一百杖刑，就是能留下条命，恐怕也会落下个终身残疾。

于是，李白又忙问道：

"你们现在要把他押到哪里去？"

兵士们说：

"押去见哥舒翰将军。"

李白一听，心下一喜，因为哥舒翰正好是他的旧识。李白想，如果自己去向哥舒翰求情，求他饶过这大汉一命，也许哥舒翰会卖给自己一个人情。这大汉目光如炬，表情坚毅，一看就是个胸怀大志之人，如果被打死了，实在是可惜！

于是，李白离开游猎队伍，骑马径直去了哥舒翰的行营。一见到哥舒翰，李白就直接问道：

"军中10把刀剑值多少金？"

"百金。"哥舒翰回答说。

"我想用百金买下一位壮士的性命，不知可否？"李白急切地问。

哥舒翰一听，哈哈大笑，说道：

"你是想为郭子仪求情吧？"

"此人目光如炬，定然胸怀大志。若现在为鞭挞而死，实在可惜。希望大将军能为国着想，免去他的鞭挞之刑。我愿出千金为将军兵器库购买兵器！"李白诚恳地说道。

哥舒翰拍拍李白的肩膀，笑着说：

"既然仁兄如此惜才，本帅就成全你，免去他的刑罚。本帅也不想蒙上鞭挞贤才之名啊！"

随后，哥舒翰下令释放郭子仪，并免去对他的处罚。

郭子仪后来果然在军中屡立奇功，不到十年，就成了一位出色的军队统帅。后来在安史之乱中，他更是为唐王朝的平叛事业立下汗马功劳，成为唐朝中兴的关键人物。可见当初李白救郭子仪时的独具慧眼，堪称伯乐。

郭子仪对李白的搭救之恩也感念不已。后来，李白因永王李璘起兵之事受牵连而下狱，要被处以死刑，郭子仪全力相救，并向皇帝请求赦免李白之罪，甚至甘愿以自己的官爵为李白赎罪，最后李白被改罪为流放夜郎。

（三）

李白离开安陆，北上长安，游览太原，一路都没什么收获，这让他感到非常失望。因此，李白离开太原后，便返回了安陆县。

到家后，李白才知道妻子许氏已经患病多日。原来在李白离开安陆后，许氏又生下一个男孩。由于产后虚弱，更兼操劳过度，遂一病不起。李白懊悔不已，深感自己上不能报效国家，下不能爱护妻子，长期在外奔走，至今一事无成，现在甚至连家中的生计都成了问题。

由于家中清贫，许氏不能及时服药治病，结果病情日渐严重。半年后，许氏病逝。

妻子死后，李白作为赘婿，也难以在许家再住下去了。于是，他带上5岁的女儿和2岁的儿子离开了生活十余载的安陆县，举家迁到东鲁（今山东一带），并在任城和沙丘（今山东济宁附近）居住下来。

鲁地是孔子的故乡，因此儒家文化氛围较浓，到处都可以看到头戴冠巾的儒生。这些人的功名心都很强，而且他们当中很多人只会读死书，热衷科举考试，以求取功名，光宗耀祖，根本不懂治国之道。而李白恰恰是被排除在科举考试之外的异域子弟，与这些儒生的理想与追求截然相反。

所以，李白与这些人相处得并不好。当地的儒生都轻视李白不营仕途，李白则以鲁仲连自比，表示自己不钻营仕途同样可以获得功绩，而且获得成功之后也不会像这群儒生一样贪恋富贵功名。

为此，李白在《五月东鲁行答汶上翁》一诗中写道：

> 举鞭访前途，获笑汶上翁。
> 下愚忽壮士，未足论穷通。
> 我以一箭书，能取聊城功。
> 终然不受赏，羞与时人同。

李白虽然轻视这些儒生，但并不表示他轻视儒家文化，因为李白自身的思想就是儒家与道家的结合。他之所以轻视这些儒生，是因为这些人所走的道路已经偏离了儒家文化的正宗之道，只是为了仕途才研究学术的，对儒家文化也是一知半解，甚至有意曲解儒家文化，打着儒学的幌子，为自己捞得政治上的好处。

而李白是真正继承儒家文化的人，对这些假借儒学为自己谋利益的人不满也是正常的。因此，他在《嘲鲁儒》一诗中这样嘲讽这些人：

> 鲁叟谈五经，白发死章句。
> 问以经济策，茫如坠烟雾。
> 足着远游履，首戴方头巾。
> 缓步从直道，未行先起尘。
> 秦家丞相府，不重褒衣人。
> 君非叔孙通，与我本殊伦。
> 时事且未达，归耕汶水滨。

当然，李白写诗嘲笑鲁地的这些儒生，或者还因为他骨子里更向往慷慨自由的名士生活，厌恶儒生那种受到种种束缚而不能自由生活的状态。这些儒生时刻都要装出一副君子的模样，在李白看来十分可笑。

李白的这两首嘲讽诗在鲁地立刻激起了千层浪，鲁地的儒生对李白简直是群起而攻之，最后甚至闹到县令那里。县令虽然很欣赏李白的才华，但也抵不住全体儒生的一致要求，无奈只好委婉地劝李白到徂徕山隐居一段时间，以避开这场风波。

李白也知道自己没法继续在鲁地生活了，只好忍气吞声，搬到徂徕山诗人孔巢父的幽栖之地去住了一些时日。

一天，李白在西山与诗友饮酒赋诗，一位名叫胡木的秀才自恃学识渊博，便走到李白面前说："久闻先生才华横溢，在下有一上联，请先生玉成。"说完，胡木提笔在桌上写道："梁山栽大竹无须淋水。"胡木这句上联是由三个当时的县名组成。李白看了看，遂提笔写下："南浦人长寿何惧丰都。"众人一看，拍案叫绝。这句下联不但对仗工整，还夸奖、祝愿了南浦人一番。

胡木无话可说，忽见墙上挂有一幅画，画上有一个鹤发童颜的老神仙，环抱一只打酒坛，睡在半山腰，酒顺着坛口往下流。于是，胡木写道："酉加卒是醉，目加垂是睡，老神仙环抱酒坛枕山偎，不知是醉还是睡。"李白看了看大腹便便的胡木，也提笔写道："月加半是胖，月加长是胀，胡秀才挺起大肚当中站，不知是胖还是胀？"众人一看胡木那模样，不禁捧腹大笑起来。胡木受了嘲笑，非常恼怒，但自知理亏，也只好作罢。

第九章　奉诏入京

拔剑平四海，横戈却万夫。

——（唐）李白

（一）

孔巢父也是一位怀才不遇之士，曾经也欲进入仕途，但苦而无门，最终知难而退，来到徂徕山隐居。李白来到这里后，与隐居在这里的孔巢父、韩准、裴政、张叔明、陶沔等人相识，他们六人还被人称为"竹溪六逸"。

李白这一时期的生活，与魏晋时期的"竹林七贤"极为相似。他们常常高卧云林，不求禄仕，彼此亲如家人，每日饮酒赋诗，率真自然，慷慨激昂，每一首诗都充分展示自己的个性。

关于这段生活，李白在《送韩准裴政孔巢父还山》一诗中这样记叙的：

猎客张兔罝，不能挂龙虎。
所以青云人，高歌在岩户。
韩生信英彦，裴子含清真。

孔侯复秀出，俱与云霞亲。

峻节凌远松，同衾卧盘石。

斧冰漱寒泉，三子同二屐。

时时或乘兴，往往云无心。

出山揖牧伯，长啸轻衣簪。

昨霄梦里还，云弄竹溪月。

今晨鲁东门，帐饮与君别。

雪崖滑去马，萝径迷归人。

相思若烟草，历乱无冬春。

　　从诗中可以看出，这些人彼此互为知音，都有着高洁率真的个性，彼此相处也十分融洽亲密。这种率真自然的生活与后来李白与杜甫、高适三人一同游览梁宋、鲁地的快意生活很相似，都充分展示了诗人热爱自然、喜爱自由生活的个性。

　　李白来到徂徕山后，与当地一个姓刘的妇人结了婚。但刘氏是个势力之人，婚后见李白一无钱财，二无官职，便整天吵闹不休，让李白不胜其烦。

　　尽管刘氏很轻视李白，但李白的诗歌名声和隐逸的名声此时已经名扬四海，再加上玉真公主的举荐，就连唐玄宗都知道了他的名气。

　　天宝元年（742）八月，李白42岁之时，终于迎来了喜讯：唐玄宗亲自下诏，请李白到章安供奉翰林。

　　李白接到诏书后，万分喜悦。多少年来的梦想与期盼，终于在这一刻实现了。妻子刘氏见皇帝亲自诏李白，也马上变得笑逐颜开，悉心侍奉在李白左右。李白与女儿平阳、儿子伯禽度过了平生最为得意的一天。儿女都嬉笑着牵着他的衣裳，问他什么时候能够回来？李白不说话，只叫儿子将家中那只最肥的鸡杀掉烹熟下酒。

李白就着酒肉饮酒，高歌买醉，起舞弄剑，不胜欢喜。

第二天一大早，妻子刘氏为李白换上新缝制的衣服，准备送李白出门，并问李白什么时候能够回来？

李白一时豪兴大发，作了一首《别内人三首》，其中曰：

> 出门妻子强牵衣，问我西行几日归？
> 归时倘佩黄金印，莫见苏秦不下机！

妻子刘氏看不懂，也不念诗歌，只是问道：

"这黄金印可以值多少钱啊？"

李白哈哈大笑，说道：

"价值连城！哈哈……"

从这首诗歌中可以看出，当时的李白是多么自负！

随后，李白跨上一匹骏马，准备起程。看着身边的妻子儿女，李白忽然有些伤感，但瞬间便又意气风发地大笑着，吟出了一首《南陵别儿童入京》诗。诗曰：

> 白酒新熟山中归，黄鸡啄黍秋正肥。
> 呼童烹鸡酌白酒，儿女嬉笑牵人衣。
> 高歌取醉欲自慰，起舞落日争光辉。
> 游说万乘苦不早，著鞭跨马涉远道。
> 会稽愚妇轻买臣，余亦辞家西入秦。
> 仰天大笑出门去，我辈岂是蓬蒿人。

在这首诗中，诗人将自己快乐的心情完全展现出来，没有一点的掩饰与矫揉造作，内心的那种欢快与兴奋溢于言表，一览无余。多少年的痛苦与失意，在这一刻都烟消云散了，随之而来的是不可遏止的喜悦之情。"仰天大笑出门去，我辈岂是蓬蒿人"，将他一朝得志后的自信与豪放个性彻底展示出来。

（二）

异常兴奋的李白将这一次入京看成是"游说万乘"的机会，以为此后就可以凭借自己的才能说动人主，实现"寰区大定，海县清一"的理想。他相信，战国游说之士纵横驰骋的时代又到来了。

此时，李白以新的身份来到京城，再次看到京城周围的景象，处处都让他感到耳目一新。后来，他在诗作中对此也多有描述。如《赠从弟南平太守之遥二首》的其一就写道：

> 汉家天子驰驷马，赤车蜀道迎相如。
> 天门九重谒圣人，龙颜一解四海春。
> 彤庭左右呼万岁，拜贺明主收沉沦。
> 翰林秉笔回英眄，麟阁峥嵘谁可见？
> 承恩初入银台门，著书独在金銮殿。
> 龙钩雕镫白玉鞍，象床绮席黄金盘。
> 当时笑我微贱者，却来请谒为交欢。

而《驾去温泉后赠杨山人》一诗中也写道：

少年落魄楚汉间，风尘萧瑟多苦颜。

自言管葛竟谁许，长吁莫错还闭关。

一朝君王垂拂拭，剖心输丹雪胸臆。

忽蒙白日回景光，直上青云生羽翼。

幸陪鸾辇出鸿都，身骑飞龙天马驹。

王公大人借颜色，金璋紫绶来相趋。

当时结交何纷纷，片言道合惟有君。

待吾尽节报明主，然后相携卧白云。

司马相如曾从成都初入长安，题市门曰：

"不城池车驷马，不过茹下也。"

后来，他果然受到皇帝的宠信，不断得到重用。李白如今也像司马相如一样，受到了朝廷的垂顾，入侍翰林。因翰林院设在银台门内，故而李白说"承恩初入银台门"；又在金銮殿上转告著书，饮食车马也都有极好的待遇。就连当年那些轻视自己的人，甚至一些王公大人，如今都要主动前来交往了。为何一夜之间身份和地位都会出现这样的变化呢？只因为得到了天子的眷顾。

不过，李白不同于一般的士人，即使真的有荣华富贵摆在眼前，他也不会过分贪心。此时他心中想的是如何"尽节报明主"，以将自己的满腔热血报效国家、造福社会。

来到长安后，李白以为皇帝马上就会召自己入宫，因此也不敢出去逛长安城，只能坐着招贤馆中温习随身携带的书籍，以便皇帝召见时能随时应答出皇帝提出的问题。

但李白等了好些天，也不见玄宗的召见，这让他心中颇感疑惑。

一天，李白实在忍不住了，就问馆内管事的官员，皇帝何时才能召见自己。管事的轻描淡写地回答说：

"等着吧，等皇上有了闲工夫，自然就会召见你了。"

李白又问：

"皇上现在正在忙于军国大事吧？我也正要上书论及当前的军国大事呢，何不在此时召见我呢？"

哪知这位管事的却说：

"皇上现在正忙着与贵妃娘娘组织嫔妃们排练新编成的大型歌舞《霓裳羽衣曲》呢，现在哪有工夫召见你啊！"

李白一听，顿时感到大失所望，初来长安时的兴奋、喜悦之情又随之全消。

（三）

这天，李白闲得无聊，便去了紫极宫。紫极宫是皇帝的藏书楼，里面收藏了天下所有精品藏书。

刚到紫极宫门口，李白就看到宫门口有一位老人，鹤发童颜，便衣布履，拄着一根筇竹杖，宛如老寿星下凡。

李白不禁驻足观看，那老人也远远地驻足望着李白。李白走上前，又不知如何打招呼，便看着老人手中的筇竹杖说：

"此乃临邛山的千年之物！"

老人一听，也笑着与李白搭话道：

"先生是蜀郡人吗？请问尊姓大名？"

李白忙施礼答道：

"不敢，晚生乃蜀人李白。"

老人一听，拍掌大笑道：

"原来你是李太白啊！你可是奉诏而来？老夫贺知章，不知你听说过没有？"

李白一听面前的老人是大名鼎鼎的诗人贺知章，急忙俯身下拜，连称"久仰"。贺知章此时正是紫极宫的主事，朝廷三品大员，在朝中德高望重。

贺知章急忙扶起李白，然后问李白可有诗卷带在身边。李白从怀中拿出一卷诗来，恰好第一首为《蜀道难》。

贺知章慢慢品读起来，刚读到一半，便忍不住连连赞叹：

"好诗！好诗！真是名不虚传啊！"

继续读完后，他又说道：

"这样的诗真是惊风雨、泣鬼神啊！"

贺知章见天已晌午，便邀请李白一起到附近的酒馆小酌。两人对酒谈心，好不惬意。临别时，李白对贺知章说出了自己的担忧：

"我奉皇上诏令而来，但如今皇上却迟迟不召我入宫，不知何故？"

贺知章一听，马上自告奋勇地对李白说：

"这个你不用担心，我虽然管的是经籍图书，但好歹也是个三品官，在皇上面前还是能说上几句话的。待我明日早朝奏上一本，请皇上亲自召见你。你就放心地回到招贤馆等候消息吧。"

李白千恩万谢，这才又安心地回招贤馆等消息去了。

几天后，内侍果然传下圣旨，召李白入宫。李白知道这是贺知章的提携，让皇帝终于想到了他，心中对贺知章万分感激。

由于贺知章对李白的举荐之功，李白终生都对贺知章怀有感恩之心。后来李白到吴越一带游历时，得知贺知章已经病逝，十分心痛。他亲自前往会稽贺知章的故里凭吊，并写下《对酒忆贺监二首》，以回顾与贺知章相处的日子。诗曰：

其一

四明有狂客，风流贺季真。

长安一相见，呼我谪仙人。

昔好杯中物，今为松下尘。

金龟换酒处，却忆泪沾巾。

其二

狂客归四明，山阴道士迎。

敕赐镜湖水，为君台沼荣。

人亡余故宅，空有荷花生。

念此杳如梦，凄然伤我情。

  这两首诗都对贺知章充满了怀念之情。在李白所有写给友人的诗歌中，唯有写给贺知章的诗歌是最深情的。这不仅因为李白将贺知章当成一个友人、一个知己，更因为贺知章是曾经提携过他的伯乐和老师，也是真正赏识李白才华的人。所以，李白对贺知章一生都感念至深。

第十章　官拜翰林

功名富贵若长在，汉水亦应西北流。

——（唐）李白

（一）

在得到贺知章的举荐，等候玄宗召见的日子中，李白将他在旅途中反复构思的《宣唐鸿猷》写了出来，并且多次修改。这是关于祖述太宗、宪章贞观、慎始慎终、清除时弊的十大条款，在缮写整齐后，李白准备将其献给唐玄宗。

几天后，内侍传旨，召见李白进宫，而且不但是玄宗皇帝亲自召见，还是在大明宫的金銮殿召见。为了能清醒地见到皇上，李白平生第一次一整天没有喝酒，第二天一早便跟随内侍来到大明宫觐见皇上。

内侍领着李白穿过丹凤门，径直走入大明宫内。他们走了足足两顿饭的时间，才穿过巍峨的宫殿，来到金銮殿前。

玄宗见李白进来后，忙从金銮殿上走下来。李白迎上前去，拜倒在玄宗面前。唐玄宗忙将李白扶起，亲切地说道：

"你为布衣，名为朕知。若不是平素道德高尚，何以英名能如此远播呢？"

李白受宠若惊，简直觉得玄宗皇帝待他恩重如山，于是也更加坚定了为玄宗皇帝安邦定国平天下的决心。

然而，当李白准备将《宣唐鸿猷》献给玄宗时，玄宗却将手一挥，旁边的太监见状，就让李白退下去了。

随后，两旁的官员纷纷上来祝贺李白，接着是赐宴，朝臣又纷纷向李白祝贺一番。赐宴结束后，李白被安排到金銮殿旁边的大明宫翰林院内，供奉翰林，随时等待皇帝的诏命。

搬到翰林院后，李白从此便不敢随意乱逛，也不敢任性喝酒了，生怕耽误了皇帝的诏命，有负天子的厚望。但是，唐玄宗却很久也没有召见李白商讨国政，这让李白很困惑，甚至有种虚度时光之感，于是也渐渐对现状不满起来，又开始借酒消愁了。

这天，宫中忽然传来命令，诏令李白进宫。等了这么久，终于有了消息，李白欣喜万分，以为这次玄宗终于召见他商讨国事了。在进宫的路上，李白将这些年来关于政治和国家的见解又在心中默默温习了一遍。

然而李白到达宫中后才知道，玄宗皇帝找他来根本不是要与他商讨国事，而是要他写新词的。原来，此时宫中的牡丹花开得正旺，唐玄宗与杨贵妃等一群妃子都在宫中赏花，整个宫中一片欢声笑语。玄宗还特意召来宫中乐器演奏者及当时著名的音乐家李龟年来表演歌曲。

李龟年奉诏入宫，准备就绪后，手捧檀板，指挥梨园众乐手就要开唱。这时，玄宗皇帝忽然说道：

"这赏名花，对妃子，怎么能用旧的歌词呢？何不宣李白入宫，让他写出新词后，再让梨园弟子弹唱呢？"

众人纷纷附和，于是皇帝马上派人去找李白。

李白来到宫中后，得知皇帝不是找自己商讨国事，而是要他撰写新词，心中非常失落和愤怒，但又不敢反驳，只好写下了《清平调词》三首，献给玄宗和各位妃子。诗曰：

其一

云想衣裳花想容，春风拂槛露华浓。
若非群玉山头见，会向瑶台月下逢。

其二

一枝红艳露凝香，云雨巫山枉断肠。
借问汉宫谁得似？可怜飞燕倚新妆。

其三

名花倾国两相欢，长得君王带笑看。
解释春风无限恨，沉香亭北倚阑干。

这三首诗都是赞赏杨贵妃的美貌的。特别是开头一句"云想衣裳花想容"，更是写得风流旖旎，婉转别致，一向被称为"太白佳境"。

唐玄宗和杨贵妃对李白的这首《清平调词》也十分赞赏，纷纷称李白是千金难买的天才。玄宗还亲自赏赐李白一支金笔，又下令让李白移到兴元宫居住。同时，玄宗还为李白专门配备了两个宫女服侍他。杨贵妃还命人为李白送来了几只鹦鹉，以供李白解闷。

（二）

由于深得唐玄宗的赏识，李白这一时期在宫廷中也享尽了荣华富贵。不但翰林院中的其他人望尘莫及，就是朝中的文武官员对他也是既嫉妒又羡慕。

一天，唐玄宗又准备在宫中演奏音乐，便对身边的宦官高力士说：

"对此良辰美景，娱乐怎能仅靠吹笛弹琴呢？应该配上天才词人的歌词，才更令人心情舒畅。"

于是，玄宗又命人去请李白。李白此时正在府中醉酒不起，根本无法走到宫中应诏。众人好不容易才将他抬到宫中，李白也只能勉强行礼。虽然烂醉如泥，但玄宗也不在意，即命李白提笔赋诗。

随后，两个内臣准备笔墨，李白提笔抒思，毫无停顿，《宫中行乐词》十首便写成了。所书笔迹更是龙飞凤舞，酣畅有力；诗句对偶格律，无不精绝！

其诗的一、二、三分别为：

其一

小小生金屋，盈盈在紫微。

山花插宝髻，石竹绣罗衣。

每出深宫里，常随步辇归。

只愁歌舞散，化作彩云飞。

其二

柳色黄金嫩，梨花白雪香。

玉楼巢翡翠，金殿锁鸳鸯。

选妓随雕辇，微歌出洞房。

宫中谁第一？飞燕在昭阳。

其三

卢橘为秦树，蒲萄出汉宫。

烟花宜落日，丝管醉春风。

笛奏龙吟水，萧鸣凤下空。

君王多乐事，还与万方同。

诗句富丽豪华，格律谨严，不同于李白以往的作品风格，表现出诗人多方面的创作才华。这些作品浓艳精致，所以有人认为这不是李白的作品。但有多方面的版本证实它们的确为李白所作。作为皇帝的文学侍从，李白作出这样随俗而变、随题而变的诗歌也是正常的，切合了"宫中行乐"的主题。

唐玄宗还曾游览白莲池，兴致很高，于是召李白作"序"，也就是用一种优美的文体将皇帝游赏的经过记录下来。

此时，李白正在家中饮酒，且又喝得酩酊大醉。玄宗令高力士扶着李白登舟。后来，杜甫在《饮中八仙歌》中说到这件事时，这样写道：

天子呼来不上船，自称臣是酒中仙。

宫人在李白的脸上喷洒些冷水，让他醒醒酒。随后，李白挥笔题写了《白莲花开序》，文不加点，顷刻而成。

当时社会上还流传着高力士为李白脱靴的故事。传说唐玄宗命李白撰写乐词，可李白喝醉了酒，便趁着酒醉，抬起腿，令高力士为他把靴子脱掉。

高力士是玄宗的宦官。通常情况下，宦官也是可以为李白脱靴的，但高力士可不是一般的宦官，他是玄宗皇帝面前的红人，极得玄宗宠信，几乎权倾朝野，宫中的诸王公主都称他为"阿翁"，驸马们则称他为"爷"。可是，李白却硬要高力士为其脱靴。高力士无奈，只好为李白脱去了靴子。

在京城期间，李白也好游览。一日，他来到京城东面的华阴县。路过县衙门时，县令正在里面办案。李白喝得醉醺醺的，骑着小毛驴，不知不觉就闯入了县衙。

县令很恼火，马上吩咐手下将李白押到堂上审问。李白也不说话，只要求写供词给县令看。

县令命人找来纸笔，李白却不写自己的姓名，而是写道：

> 曾得龙巾拭唾，御手调羹，力士抹靴，贵妃捧砚。天子门前尚容我走马，华阴县里不许我骑驴。

意思是说，皇帝曾亲自用手巾给我擦脸，还亲自用小勺为我搅匀羹汤；高力士为我脱靴；杨贵妃为我捧砚台。

县令一看，大惊失色，急忙向李白谢罪。李白也不搭理他，转身跨上毛驴，扬长而去。

这些故事虽然有些夸张，但从中也可以看出李白当年在宫中的特殊地位。这也可以对照李白的友人任华的诗歌，其《杂言寄李白》一诗中写道：

> 新诗传在宫人口，佳句不离明主心。
> 身骑天马多意气，目送飞鸿对豪贵。
> 承恩召入凡几回，待诏归来仍半醉。

诗中说到李白的诗歌受到朝廷上下的欢迎，而几乎每次应诏作诗，李白都会带着醉意前来。

（三）

李白在宫中期间，算是享尽了荣华富贵，但他照样每天喝得酩酊大醉。一天，宫中太监又来宣李白进宫。这次他们将李白请去的地方却不是后宫，而是在威严的朝堂之上，但见满朝的文武大臣也都列在两旁，神情肃穆。

李白注意到，朝廷之上还站立着几个从西域来的外藩使者，他们扬眉竖目，样子十分神气。看着李白醉醺醺地来到朝堂上，外藩使者都忍不住嘲笑起来，气焰非常嚣张。他们用西域语大声嘲讽道：

"这醉鬼能认识我们的文书吗？真是可笑！堂堂大唐王朝，竟然无人到这种地步！"

外藩使者说的是西域话，整个朝堂只有李白一人能听懂。听了外藩之言，李白大概明白了事情的原委，不觉两眼充满怒火。

原来，当时西方的蛮夷之族屡次侵犯唐朝边境，这次竟然嚣张地向唐朝廷下了挑战书，但书信是用西域文写的。外藩首领是有意看大唐是否具有博古通今的人才，而当时唐廷的文武大臣之中，竟没有一人能识得上面的文字。

就在唐玄宗束手无策之时，忽然想到了李白。这样一个才华横溢、聪明绝顶的诗人，或许能够帮他解困。于是，他马上派人去请李白来。

李白弄清事情原委后，立刻对玄宗皇帝说：

"陛下，那西域文书有何难处？长安城中很多百姓都认识西域文字，臣就是其中之一。臣愿为陛下翻译这西域文书。"

唐玄宗一听大喜，急忙将文书交到李白手中，并说道：

"你也不用给朕翻译了，朕信任你。你看完后直接起草一封给西域的文书即可，叫西域使者也看看我大唐才子李太白的风采！"

李白拿起文书一看，果然认识那上面的西域文字。文书上对大唐多有辱骂之词，并表示西域不再对大唐称臣。

看到这些辱骂大唐的挑衅性文字，李白怒火中烧。借着醉意，他吩咐太监高力士为他研磨，唐玄宗亲自走下宝座，为李白牵纸。李白提笔在纸上挥毫起来，片刻间便写好了回复西域的文书。

在这篇文书，李白对外藩的侵略持仇视态度，严词驳斥了外藩的挑衅行径，用最严厉的语言恐吓侵略者，表示如果他们敢入侵中原，大唐必将其灭亡。因为大唐早已做好准备，正在严阵以待。

外翻使者一看李白那文书的气势，刚才还十分嚣张的气焰一下子就熄灭了，怔怔地站在一旁，对李白也不觉敬畏起来。

李白醉写《吓蛮书》是他三年宫廷生活中在政治上最有名的一件事。对于李白来说，这也是他在三年宫廷生活中最得意、最有意义的一件事，也是最能展示他爱国情怀的重大政治事件。李白对外族侵略者的愤怒之情，也以此得到了淋漓尽致的体现和发挥。

但是，李白在宫廷中从事的政治活动非常有限，根本没有机会参与一些国家大事，所以也不可能施展他的政治抱负。虽然他的文学才华得到了发挥，受到朝廷上下的敬重，但他并未感到满足，宫中奢靡的生活也很快就令他感到厌烦了。当初来长安，他是准备实现自己的政治抱负，协助皇帝安邦定国的；可现在，他每天都只供皇帝娱乐消遣，政治理想却一点也没有实现。

此时的李白，职位是翰林待诏，或称翰林供奉。尽管人们习惯上称他为翰林学士，但事实上他不同于学士院中的学士，因此也不能职掌诏令的撰写。他们只是才艺方面的杰出人士，是皇帝的文学侍从。

文学侍从并非不能从政，如李白家乡的先辈司马相如、扬雄等人，虽也是以文学博得帝王的好感，但都能影响政治。尤其是司马相如，曾奉使安抚西南地区的少数民族，在政治上很有作为。

李白也渴望自己能够像司马相如一样，因文学才华而博得皇帝的青睐，进一步参与政治。但可惜唐玄宗只看重李白的文学才能，不重视李白的政治才华。因此，李白始终都以翰林待诏的身份供奉在皇帝左右，没有被授予正式的官职。朝廷也只认可他的文学天赋，对他的政治才干丝毫不重视。

李白虽然纵酒嬉戏，然而对政治却是十分认真的。在他看来，进入仕途，并非为了个人的荣华富贵，而是为了辅助君王平定天下。一旦功成名就，他就会退身江湖，隐居山林，过着平淡简朴的生活。所以，世俗功名在李白的心中并没有什么地位。

可是，这种价值观念在当时的官场上是行不通的。如果说李白在入仕之前不得不向各种官员投诗献赋，那么进入京城之后，李白就逐渐显露出了自己的本色。他不肯为自己的官运前途向权贵们献媚，也不肯向官场之人趋炎附势，始终保持着独立的人格。这样的做法，想在政坛上发挥影响力显然是很难的。

而且，李白在入宫后，也逐渐接触到了王朝内部阴暗的一面，并渐渐感到无奈与厌恶，进京之前所怀有的美好理想和希望也逐渐破灭了。

李白进入朝廷为官后，宰相杨国忠嫉恨李白的才学，总想设法奚落李白一番。一天，杨国忠想出一个办法，就约李白对三步句。

李白刚一进门，杨国忠便道："两猿截木山中，问猴儿如何对锯？""锯"谐"句"，"猴儿"暗指李白。李白听了，也不恼怒，而是微微一笑，随后应道："宰相起步，三步内对不上，算我输。"

杨国忠想赶快走完三步，但刚跨出一步，李白便指着杨国忠的脚喊道："一马隐身泥里，看畜生怎样出蹄？""蹄"谐"题"，"畜生"暗指杨国忠，与上联对得很正。杨国忠本来想占便宜，结果不但没占到便宜，反而还被李白羞辱了一番。

第十一章　辞官会友

俱怀逸兴壮思飞，欲上青天揽明月。

——（唐）李白

（一）

李白在宫廷生活的三年，正是唐王朝统治者内部矛盾迅速走向激化、走向战争的三年。由于连年不断的边境战争，使人民饱受战争之苦。与此同时，朝廷政治也日渐黑暗，国力日渐衰微，百姓怨声载道。

李白虽然生活在宫廷之中，但却时刻关注着城外的生活，关注着连年的战争给百姓带来的疾苦。他用诗歌的形式谴责战争，弘扬人道主义，表现了他忧心天下、心系黎民的伟大情怀。

因此，这一时期李白的诗歌中对战争的谴责所表现出来的人道主义情怀获得了广泛的民心，也得到了人民的热爱。在创作《乌夜啼》《思边》等一系列反抗侵略战争的现实主义名作之后，标志着李白的思想也逐渐脱离统治者，开始走向人民，他的内心也充满了人道主义思想。这对李白的创作生涯来说是个巨大的转折。

在宫廷之中，虽然李白不受重视，但却颇受唐玄宗的礼遇。无奈朝中的臣子宫妃嫉妒李白的才能和他所受到的宠幸，因此经常在玄宗面前说李白的坏话，肆意攻击李白。高力士、杨贵妃、驸马张垍等人，就是这些人的代表。

张垍是翰林院的主要管理者，还是唐玄宗的女婿。但这个人虽然地位尊崇，品行却颇为不正，后来甚至投靠了安禄山，做了伪官。李白就在张垍的手下任职，受张垍的管理。张垍因嫉妒李白的才能，经常在玄宗面前说李白的不是，称李白傲慢狂妄，目无尊长等。

李白一向不畏权贵，对于权贵们对他的排挤也毫不惧怕；对于他们对他的嫉贤妒能和恶意攻击，也是写诗大胆抨击，毫不退缩。

在遭到高力士等人的谗言所伤后，李白非常愤怒，遂作《玉壶吟》一诗，以抒发自己的愤怒与不满。诗曰：

烈士击玉壶，壮心惜暮年。

三杯拂剑舞秋月，忽然高咏涕泗涟。

凤凰初下紫泥诏，谒帝称觞登御筵。

揄扬九重万乘主，谑浪赤墀青琐贤。

朝天数换飞龙马，敕赐珊瑚白玉鞭。

世人不识东方朔，大隐金门是谪仙。

西施宜笑复宜嚬，丑女效之徒累身。

君王虽爱蛾眉好，无奈宫中妒杀人！

诗中借宫女之间勾心斗角，以博得君王的宠幸，来抒发自己遭到宫廷权贵嫉妒的愤懑之情。

另外，在《翰林读书言怀呈集贤院诸学士》中，李白所写的"青蝇易相点，白雪难同调。本是疏散人，屡贻褊促诮"，更加直接地对同僚的嫉贤妒能进行了揭露和抨击。

在即将辞官离京时，李白还作有《美人出南国》一诗，曰：

美人出南国，灼灼芙蓉姿。

皓齿终不发，芳心空自持。

由来紫宫女，共妒青蛾眉。

归去潇湘沚，沉吟何足悲？

这首诗是以南国美人自比，因受到紫宫女之谗妒，所以依然辞归南国。

而同时，唐王朝的统治也发生了深刻的危机。宰相李林甫专横狡诈，好弄权术，很多忠臣都或被他流放，或被他陷害致死。唐玄宗听任李林甫将朝廷搞得一团乌烟瘴气，自己则退守深宫，每日与红宫佳丽寻欢作乐。

另外，杨贵妃的族兄杨国忠因有贵妃的后台，也跃跃欲试，企图夺取政权。而李林甫为培植与杨国忠进行斗争的政治资本，扶植了胡人安禄山的势力，导致了安史之乱的隐患。

李白在宫廷之中，虽然每天都喝得醉醺醺的，但对这些内幕还是了解一些的。看到这些触目惊心的腐朽内幕，李白的心灵受到了很大触动。以前，他认为大唐王朝政治清明，国泰民安。现在看来，一切都不过是假象而已。李白深为唐王朝的腐朽和堕落感到惋惜，对朝中的奸佞小人感到愤怒，但除了写诗批判之外，他无能为力。

由于李白深入宫中，了解许多宫廷内幕，让杨贵妃之流深感恐惧，生怕他们的一些见不得人的事被李白知道。因此，杨贵妃经常在玄宗耳边吹风，玄宗渐渐也开始疏远李白了。

李白也逐渐认清了唐玄宗的真实面目。初入宫时，他将玄宗比作周文王，将自己比为姜尚；可是三年之后，他终于发现，唐玄宗并非他期望之中的周文王，而且简直昏庸到无可救药的地步。在《书情赠蔡舍人雄》一诗中，李白就写道：

徒希客星隐，弱植不足援。

意思是说，唐玄宗不可救药，自己弱小的力量是不足以扶植他的。又说自己"区区精卫鸟，衔木空哀吟"，表示自己虽有报国热情，但却没有机会尽情施展。这也是对唐玄宗最直接的不满和批判。

（二）

天宝三年（744），由于自己的政治理想无法实现，且无法忍受宫廷中那种勾心斗角的生活，李白上书玄宗，请求辞官归乡。唐玄宗本来不愿让李白回乡，但无奈李白态度坚决，玄宗也只好准许了，同时还赐予李白一笔钱财。这样，李白又获得了自由，重新开始了流浪生活。

李白为人乐观豁达，不作苦吟，也不太爱写愁苦之诗。因此，虽然辞官而去时内心感到忧伤，但却很少表现出来。多年后，他回想起来，只是说：

"临当欲去时，慷慨泪沾缨。"

可以想象，李白离京之际，内心还是充满酸楚的。

李白供奉翰林前后大约两年时间，如今离京时，自己在政治上渴望施展雄才大略的梦想完全破灭了。离京之后，原先的一些朋友也都没了踪影，昨日还信誓旦旦为知己，今日就已关门谢客陌路人了。

对此，李白多年后回想起来，仍然感到有些伤感，说道：

> 一朝谢病游江海，畴昔相知几人在？
> 前门长揖后门关，今日结交明日改。
> ——《赠从弟南平太守之遥二首》

此时，若能遇到知心的朋友，那真是令人感动！而李白还真的有幸遇到了一位知己，这个人就是唐代的另一位伟大诗人杜甫。

李白离开京师后，只身来到东都洛阳，不久就遇到了杜甫。两位伟大的诗人相遇，简直就像广阔的夜空中两颗遥远的行星能够相遇一般，实在是太难得了！著名学者闻一多形容他们两人的会面是"青天里太阳和月亮走碰了头"；他还说，大概除了孔子与老子见面，在中国古代恐怕再也没有比这意义更为重大的会面了。

此时，杜甫刚刚漫游齐鲁回来，在洛阳守着祖父与远祖杜预的墓过着隐居生活。不久，他的姑母在洛阳患病去世，杜甫便在洛阳为姑母守孝，同时也正抱着一腔豪情，准备寻找机会施展抱负。

那时的杜甫初涉文坛，也经常在洛阳文坛活动，以谋求进身的机会，因此在洛阳也是小有名气。李白来到洛阳后，很快就听说了杜甫的名字，并且很欣赏杜甫那"会当凌绝顶，一览众山小"的气派。

杜甫对李白更是敬仰已久，十分崇拜李白的诗情才华。因此，当他听说大名鼎鼎的李白来到洛阳后，马上亲自登门拜访。

这一年，李白44岁，杜甫33岁。对杜甫来说，李白还是个前辈，因此见面开始时，杜甫感到有些拘谨。但很快，杜甫就被李白的豪爽性格所感染，变得无拘无束起来。两人开始高谈阔论，彼此都感觉遇到了知音。

此后接连几天，杜甫每天都来陪伴李白。除了听李白讲述长安的见闻外，他还与李白一起谈到诗文，并将自己所写的诗歌拿出来向李白请教。

李白看到杜甫的诗后，十分兴奋，觉得杜甫的诗歌比当时诗坛上的任何一位大家都不逊色，甚至还更胜一筹。李白对比自己小得多且名声远未发达的杜甫很是欣赏，对杜甫也像对待兄弟一样关爱。两人每日高谈阔论，相处十分融洽。

到了秋天，李白与杜甫又一同乘着小舟，渡过了怒涛汹涌的黄河，直奔洛阳西北的王屋山而去。那里有著名道士华盖君住持的道观，两人相约去那里寻仙访道。

王屋山位于今天的山西与河南的交界处，是济水的发源地。那里山势高耸，树木繁茂，多有道观，为道教的圣地。两人沿着崎岖的山路拾阶而上，"三步回头五步坐"，不时地停下来休息，并环顾欣赏周围美丽的秋景，可谓"千岩无人万壑静"，"松风涧水声合时"。

远远地，李白和杜甫就看到了道观青青的屋顶和几间白茅草屋掩映在丛丛秋树之中，平日冷清的道观此时也更加寂静肃穆。

两人来到门前，轻声呼唤，好久才出来一位长者。但这位长者并不是华盖君，而是华盖君的大弟子卢老。卢老告诉他们，华盖君已经仙去了。这个消息让李白和杜甫感到十分失望，但卢老为两位来访者的虔诚所感动，遂带着二人在道观中游览一番，还特意打开封锁已久的华盖君修行炼丹的静室，让两位诗人凭吊致意。

（三）

离开王屋山后，李白和杜甫又一同前往梁宋游览。梁、宋都是古代的国名，唐朝时期又称汴、宋，分别指汴州和宋州。汴州位于今河南开封市一带，宋州位于今河南商丘市一带。这两个地方都留下了大量的名胜古迹。

巧的是，诗人高适此时也正在这里活动，并与李白和杜甫相遇。于是，三人一起结伴游览。一路上，三人开怀畅饮，纵情高歌，登高怀古，互诉衷肠，生活十分惬意，彼此间不但有了更深的了解，还加深了彼此的情谊。

晚年时期，杜甫在《昔游》一诗中，深情地回顾了此时与李白、高适一同游览的情景：

昔者与高李，晚登单父台。

寒芜际碣石，万里风云来。

单父台即孔子的学生宓子贱的琴台，位于今山东省单县城南一里远的故单父城中。宓子贱是春秋时期鲁国人，孔子的弟子，有德行，后来做了单父宰，善于用礼乐来教化、引导百姓，故而能弹琴，"身不下堂而单父治"。看起来，这有些类似道家"无为而治"的气度。

高适与宋州的李太守和单父县的崔县令都很熟悉。李太守、崔县令见到这三位大诗人，尤其是曾受到皇上优待的前翰林待诏李白，自然十分高兴，诚邀三人在附近的孟渚泽一带打猎。

本来就爱好游猎的诗人一听，自然十分欣喜，遂欣然应允。第二天天刚亮，几个人就骑着马在猎场上奔驰开了，有诗为证：

骏发跨名驹，雕弓控鸣弦。
鹰豪鲁草白，狐兔多肥鲜。
邀遮相驰逐，遂出城东田。
一扫四野空，喧呼鞍马前。
——李白：《秋猎孟渚夜归置酒单父东楼观妓》

狩猎时，只听得阵阵弦响，嗖嗖箭发，接着就看到兔死狐亡了。顷刻之间，鸟兽走散，四野空阔。游猎直到黄昏才结束，众人扛着猎物，回到城里，就势在单父东楼置酒设宴，好不热闹。太守还召来两位官妓表演歌舞，为诸位助兴。直到第二天清晨，大家才兴尽而散。

天宝四年（745），杜甫应齐州司马李之芳的邀请来到齐州。齐州名声众多，有历山、大明湖等，湖光山色，景色绝佳，向来是士人云集的好地方。

李白也跟随杜甫来到齐州游览，并参加了北海太守李邕所设的酒宴。在酒宴上，李白作有《东海有勇妇》一诗，以赞赏李邕为人豪爽、大度的性格。诗曰：

> 北海李使君，飞章奏天庭。
> 舍罪警风俗，流芳播沧瀛。

这年秋天，杜甫到兖州去了。李白一直有家小寄住在鲁地的任城（今山东省济宁），因此在外游历几年后，李白回到家中。

不久，李白又邀请杜甫前来，两人朝夕相处，彼此情同手足，成了真正的知己。

一日秋高气爽，李白想起附近山中"闲园养幽姿"的范居士，便又与杜甫一道寻访范氏去了。

范居士殷勤好客，热情地招待了两位诗人，并与两位诗人开怀畅饮，把酒言欢。这段经历，李白后来也写入诗中。杜甫也作有《与李十二白同寻范十隐居》一诗，诗中不仅记叙了此次访友的经过，还记录了两位诗人真挚的友谊。

此后不久，两位诗人就要分别了，杜甫要前往长安寻求入仕之路，李白则要前往吴越之地继续漫游。从这以后，两位挚友诗人再也没有见面。

第十二章　隐居梁园

惟天有设险，剑门天下壮。

————（唐）李白

（一）

从天宝三年（744）离开长安，到天宝十四年（755）安史之乱爆发，李白这十年基本都在各地漫游。他在《书情赠蔡舍人雄》中写道：

一朝去京国，十载客梁园。

梁园位于今河南开封一带，诗人此处不过是借"梁园"来指称自己漫游各地而已，在《送杨燕之东鲁》中，诗人也写道：

一辞金华殿，蹭蹬长江边。

这也是同样借"长江"之名，泛指自己浪迹江湖。

李白之所以选择开封一带暂时隐居，是因为开封是个便利的交通枢纽，出山可以再度回到长安，可以归隐嵩山，可以东去江南，还可以去东鲁看望子女。因此，这里是一个理想的隐居之地，满足了他暂时归隐的心愿，又能满足他待机而动的多种理想追求。

而且，梁园的历史古迹众多。梁园亦称梁苑，是汉代梁孝王修建的园林宫殿，这里曾经是古代名士与豪杰风云聚会的地方。

然而近千年过去了，梁园只剩下一片断壁残垣，过去一切繁盛人文都随历史的烟云一去不复返了。李白想起逝去的古人如此，今人也是如此，古人今人都将淹没在历史的尘埃之中，因此内心感到十分伤感，只能暂卧梁园，希望能够再有机会重新实现抱负。这段时期，高歌痛饮，寻仙访道，仍然是李白生活的主要内容。

在这一时期，李白写了《行路难》三首著名的诗歌，表达了自己难以实现理想的痛苦。但在失意的同时，他仍然不忘自己济天下苍生的愿望，对眼前的失败不甘心，相信自己有朝一日定然可以乘风破浪，实现抱负。

《行路难》三首分别为：

其一

金樽清酒斗十千，玉盘珍羞直万钱。

停杯投箸不能食，拔剑四顾心茫然。

欲渡黄河冰塞川，将登太行雪满山。

闲来垂钓碧溪上，忽复乘舟梦日边。

行路难，行路难！多岐路，今安在？

长风破浪会有时，直挂云帆济沧海。

其二

大道如青天，我独不得出。

羞逐长安社中儿，赤鸡白雉赌梨栗。

弹剑作歌奏苦声，曳裾王门不称情。

淮阴市井笑韩信，汉朝公卿忌贾生。

君不见昔时燕家重郭隗，拥篲折节无嫌猜。

剧辛乐毅感恩分，输肝剖胆效英才。

昭王白骨萦蔓草，谁人更扫黄金台？

行路难，归去来！

其三

有耳莫洗颍川水，有口莫食首阳蕨。

含光混世贵无名，何用孤高比云月？

吾观自古贤达人，功成不退皆殒身。

子胥既弃吴江上，屈原终投湘水滨。

陆机雄才岂自保？李斯税驾苦不早。

华亭鹤唳讵可闻？上蔡苍鹰何足道？

君不见吴中张翰称达生，秋风忽忆江东行。

且乐生前一杯酒，何须身后千载名？

　　李白第二次离开长安之后，就再也没有回到过长安，其政治理想实现的可能也更加渺茫了。这时的李白，已慢慢步入老年，人生不得志的沧桑感悟也多了起来。但不论怎样，他始终没有忘记自己欲济苍生的志向。

（二）

　　李白离开长安后，常常遇到要到长安去的人，每每此时，李白的感触总是异常深刻，这既勾起了他无限的痛苦，又让他对长安怀有隐约的希望，期待唐玄宗能够再次诏他入宫，让他继续效力于朝廷。

　　但是，随着时间的推移，李白再入长安的希望也越来越渺茫了。只是他内心的这种对宫廷的思念却像春草一样，不断滋生蔓延，无法消除。

天宝四年秋，也就是李白离开长安的第二年，他来到山东单县，送自己的族弟李况前往长安。李况是被唐玄宗招入京城为官的。送别的宴会很隆重，满堂宾客都向李况依依惜别，并祝愿他尽快高升，以光耀门楣。

这种喜庆的场面勾起了李白的无限伤感。于是，他独自早早离开了宴会，来到一座孤独的高楼上，遥望长安，心情异常沉重，遂作了一首《单父东楼秋夜送族弟况之秦》。诗曰：

> 尔从咸阳来，问我何劳苦。
> 沐猴而冠不足言，身骑士牛滞东鲁。
> 况弟欲行凝弟留，孤飞一雁秦云秋。
> 坐看黄叶落四五，北斗已挂西城楼。
> 丝桐感人弦已绝，满堂送客皆惜别。
> 卷帘见月清兴来，疑是山阴夜中雪。
> 明日斗酒别，惆怅清路尘。
> 遥望长安日，不见长安人。
> 长安宫阙九天上，此地曾经为近臣。
> 一朝复一朝，白发心不改。
> 屈平憔悴滞江潭，亭伯流离放辽海。
> 折翮翻飞随转蓬，闻弦虚坠下霜空。
> 神圣朝久放弃青云士，他日谁怜张长公？

在这首诗中，诗人表达了自己思恋宫阙的情怀，同时也表达了自己对君主的忠诚，以及对报效国家所怀有的深刻愿望。从中也可以看出李白对宫阙的复杂感情，既有留恋，也有哀怨和不满。但探究起来，多是对君王与宫阙的怀念，以及对回到宫廷实现自己理想与抱负的渴望。

一天，李白睡梦中竟然梦到自己在月光下飞过镜湖，飞到了天姥山。只见这里峰峦叠嶂，高耸入云，如同与天空连在一起。

李白正在寻找上山的路径，准备拾阶而登，不如怎么，忽然就到了山中。抬头一看，竟然看到了海上日出的奇景；侧耳倾听，竟然听到了天鸡报晓的鸣声。

李白不觉信步走上前，见前面果然景色非凡，简直不是人间所有。李白正在心旷神怡之际，忽然天色暗了下来，好像要下雨一样，又好像天快黑了。李白想找个地方歇歇脚，也躲躲雨，忽然又听到野兽的声音。

李白连忙寻路下山，忽然雷电大作，暴雨倾盆，山崩地陷。李白正感到惊恐不已，忽见崩陷之处露出一座洞府，而且石门大开。李白恍惚间走了进去，只见里面又是一片新天地：脚下好像是一潭深水，深不见底；半空好像是蓬莱仙岛，日月同辉。

突然，一群仙人从天而降。他们都穿着霓虹似的衣服，坐着鸾凤驾驶的彩车，苍龙为他们充当前驱，白虎为他们担任后卫，熙熙攘攘，直奔李白而来。

李白连忙躲闪，却一下子跌入了九霄云中……

一觉醒来后，万象皆空，李白的眼前只不过是一个简陋的书斋而已。但这个梦却让李白许久都回不过神来，越想越觉得这个梦恰似他二入长安的经历。

于是，李白在离别东鲁的宴会上，提起笔来，写下了《梦游天姥吟留别》（也称《梦游天姥山别东鲁诸公》）一诗。诗曰：

> 海客谈瀛洲，烟涛微茫信难求。
> 越人语天姥，云霞明灭或可睹。
> 天姥连天向天横，势拔五岳掩赤城。
> 天台四万八千丈，对此欲倒东南倾。

我欲因之梦吴越，一夜飞度镜湖月。

湖月照我影，送我至剡溪。

谢公宿处今尚在，渌水荡漾清猿啼。

脚著谢公屐，身登青云梯。

半壁见海日，空中闻天鸡。

千岩万转路不定，迷花倚石忽已暝。

熊咆龙吟殷岩泉，栗深林兮惊层巅。

云青青兮欲雨，水澹澹兮生烟。

列缺霹雳，丘峦崩摧。

洞天石扉，訇然中开。

青冥浩荡不见底，日月照耀金银台。

霓为衣兮风为马，云之君兮纷纷而来下。

虎鼓瑟兮鸾回车，仙之人兮列如麻。

忽魂悸以魄动，恍惊起而长嗟。

惟觉时之枕席，失向来之烟霞。

世间行乐亦如此，古来万事东流水。

别君去兮何时还？且放白鹿青崖间，须行即骑访名山。

安能摧眉折腰事权贵，使我不得开心颜！

　　这首梦游诗歌，表达了诗人向往自由仙境的心愿，同时也表达了对朝中权贵的厌恶和鄙视。诗人不愿再委曲求全，折腰逢迎那些权贵们，而是想骑着白鹿游访名山，过着无拘无束、悠闲自在的生活。

　　同时，此诗也是诗人功名富贵梦醒之后大彻大悟的慷慨呼号，是诗人与仕途生涯告别的郑重声明，也是诗人与统治者彻底决裂的郑重宣言。

（三）

离开长安后，长久不被皇帝诏回，给李白的精神造成了一定的伤害。再加上成坛的烈酒，成罐的丹药，更如饮鸩止渴。多日的五痨七伤，终于让李白大病了一场，卧病梁园，足有半年时间，直到天宝五年秋才逐渐好转。

身体恢复后，李白不顾家人劝阻，决定南下越中，继续游历。他先来到扬州，此时已是冬末春初。扬州是他青少年时代曾生活过的地方。那时，他怀揣梦想，希望能够成就一番事业。而如今，繁华梦尽，尘世的荣辱兴衰接踵而来，命运跌宕起伏，叫他无法回避、无法把握。现在就地重游，扬州的繁华依旧，但已是物是人非。回想起自己多年来的人生道路，李白不禁感慨万千。

离开扬州后，李白又来到金陵。这时已是春天，满城花香酒浓，李白想到多年前来金陵游览时的情景。那时，他是多么豪情万丈，意气风发，与一群富家公子一起游览十里秦淮，吃的是"玉盘珍羞直万钱"，穿的是千金裘，骑的是五花马，携的是秦淮河上的美貌名妓，与一帮文人雅士呼朋唤友，好不惬意。

而如今，故地重游，再也没有了当年的高昂兴致。寻访多年前的老友，不少已经离开人世，这让李白更加伤感。才20年，人间便经历了沧桑巨变。李白的心不觉也有了苍老感，不再像过去那样英姿勃发了。

怀着无限惆怅的心情，李白又离开金陵，来到丹阳。在运河边，李白看到一队纤夫赤裸着身体，正在拖着满载巨石的上水船，在乱石滩上艰难地匍匐前进。

李白目送着他们远去，心中感到无限酸楚。想起劳动人民的艰难生活，他竟然不觉流下泪来。同时，一阕新的《丁督护歌》从他肺腑中涌出：

云阳上征去，两岸饶商贾。

吴牛喘月时，拖船一何苦。

水浊不可饮，壶浆半成土。

一唱都护歌，心摧泪如雨。

万人凿盘石，无由达江浒。

君看石芒砀，掩泪悲千古。

　　全诗抒写了劳动人民在炎热季节里拖船的痛苦实情，表现了诗人对劳动人民的深切同情。

　　离开金陵后，李白又前往吴郡，游览了越王勾践的故宫，并准备前往会稽县去看望贺知章。贺知章的故乡在四明，即今天的浙江绍兴一带。他对李白有提携之恩，李白对此十分感激。

　　可惜的是，此时贺知章已经病逝了。对着故宅门前的荷塘，想起他们在长安的相处，李白非常悲痛，遂写下《对酒忆贺监二首》一诗，对贺知章进行了深情的追忆，并对贺知章的人品进行了高度的赞赏。

第十三章　怀才不遇

天生我材必有用，千金散尽还复来。

　　　　　　　　　　　　　——（唐）李白

（一）

　　天宝七年（748）秋，李白从越中又返回金陵，并在金陵停留下来。这一时期的生活，颇能显现出李白矛盾、彷徨的内心世界。在供奉翰林之前，李白胸怀大志，一心想成就事业，然后归隐山林。那时，他的奋斗目标十分明确，虽然遭遇挫折，但始终充满希望，保持着乐观的情绪。

　　但入京后，两年多的"近臣"生活，一方面给他带来了荣耀，确立了他的诗歌创作的重要地位，另一方面却也摧毁了他早年的梦想，他所期望的政治成就也根本不可能实现。离开京城后，李白的生活陷入了迷茫，也失去了人生的方向。尽管他纵酒高歌，寻仙访道，但这些似乎都不能让他那颗躁动的心灵得到平静。

　　在金陵安顿下来后，李白很快就从友人王十二那里得到了关于朝廷中一连串让人惊愕的消息。原来，在李白离开长安后，朝政的政治形势日渐腐朽堕落，宰相李林甫掌握朝中大权。为巩固自己的权势，李林甫排斥异己，难以计数的将相大臣倒在他的手下。他还常常用甜言蜜语诱导对自己的权势有威胁的人犯错，然后在皇帝面前加以中伤，以致朝中之人个个都心惊胆战，纷纷说：

"李公虽然面有笑容，但腹中铸剑也。"

"口蜜腹剑"的成语也由此而来。

由于李林甫当政，唐玄宗便退居幕后尽情享乐，致使全国都处于一片混乱之中。

在李林甫的暴虐统治之下，在近两三年的时间里，朝廷都屡兴大狱，株连的人不计其数，满朝文武百官都噤若寒蝉，州县官吏更是重足而立。

天宝八年（749），极重边功的唐玄宗罢免了原河西陇右节度使王忠嗣，任命哥舒翰为河西陇右节度使，并令其率领大军攻取吐蕃石堡城（今青海湟源西南）。石堡城倒是攻下来了，但却牺牲了几万士卒的生命。

消息传来后，举国震惊，但大家都是敢怒而不敢言。哥舒翰立下战功，得到了朝廷的嘉奖。

这一连串的冤假错案与骇人听闻的边塞攻伐，令李白听后惊讶不已，简直不知如何评价。李白越想越觉得气愤，越想越觉得忧心如焚，心中悲愤万千。他不明白，如今的大唐王朝怎么沦落到如此地步，这可真是亡国之兆啊！国家已经颓败到如此地步，自己又没有能力挽救，真是心急如焚。

但是，自己这样忧愁愤懑又有什么意义呢？根本就是于事无补。不如隐居江湖，不问世事吧。于是，李白写下了一首长篇政论诗《答王十二寒夜独酌有怀》，以表达自己对时政的看法，以及对朝廷衰颓的愤懑与无奈。诗曰：

> 昨夜吴中雪，子猷佳兴发。
> 万里浮云卷碧山，青天中道流孤月。

孤月沧浪河汉清，北斗错落长庚明。

怀余对酒夜霜白，玉床金井冰峥嵘。

人生飘忽百年内，且须酣畅万古情。

君不能狸膏金距学斗鸡，坐令鼻息吹虹霓。

君不能学哥舒，横行青海夜带刀，西屠石堡取紫袍。

吟诗作赋北窗里，万言不值一杯水。

世人闻此皆掉头，有如东风射马耳。

鱼目亦笑我，谓与明月同。

骅骝拳跼不能食，蹇驴得志鸣春风。

《折杨》《黄华》合流俗，晋君听琴枉《清角》。

《巴人》谁肯和《阳春》，楚地犹来贱奇璞。

黄金散尽交不成，白首为儒身被轻。

一谈一笑失颜色，苍蝇贝锦喧谤声。

曾参岂是杀人者？谗言三及慈母惊。

与君论心握君手，荣辱于余亦何有？

孔圣犹闻伤凤麟，董龙更是何鸡狗！

一生傲岸苦不谐，恩疏媒劳志多乖。

严陵高揖汉天子，何必长剑拄颐事玉阶。

达亦不足贵，穷亦不足悲。

韩信羞将绛灌比，祢衡耻逐屠沽儿。

君不见李北海，英风豪气今何在！

君不见裴尚书，土坟三尺蒿棘居！

少年早欲五湖去，见此弥将钟鼎疏。

在这首长诗中，李白对现实提出了激烈的批评，因此这算是一首尖锐的政论诗。诗中触及了这个时代最为敏感、最为尖锐的政治话题，通常人是不敢评论这些敏感的政治内容的。

通过这首长诗所表露出来的情绪，也可以看出李白在内心深处与统治者之间的距离更加疏远了。离开长安后的李白，不但没有远离现实，反而更加关心现实，对盛世的阴暗面也认识得更加清楚。

（二）

天宝十年（751），51岁的李白回到东鲁，与孩子们团聚。不久，他又前往梁园，与宗楚客的孙女结婚，子女还是留在东鲁。

宗楚客是女皇武则天的亲戚，曾经三次做过宰相，地位很高。但是，他在位期间贪赃枉法，依附权贵，后来因政治纷争被杀。

李白似乎并不在意宗楚客的名声，还是与宗氏之女结婚了。婚后，夫妻两人的感情也很好。李白落难后，夫人四处奔走活动，试图营救。夫人还想去庐山寻访女道士李腾空，李白十分赞同，并称夫人"多君相门女，学道爱神仙"。在后来漫游的日子里，李白也写了很多诗歌赠给夫人，抒发他对夫人的眷恋之情。

这年的秋天，幽州节度使幕府判官何昌浩来拜访李白，欲邀请李白进入幕府。当时，统辖幽州的安禄山早已有了不轨之心。他看到唐玄宗年事已高，且终日纵情声色，不理朝政，便暗中招兵买马，等待反叛的时机。

对于何昌浩的邀请，李白也十分渴望加入军幕，为国家建功立业。这一想法在《赠何七判官昌浩》一诗中就有所表达：

> 有时忽惆怅，匡坐至夜分。
> 平明空啸咤，思欲解世纷。
> 心随长风去，吹散万里云。
> 羞作济南生，九十诵古文。

不然拂剑起，沙漠收奇勋。

老死阡陌间，何因扬清芬。

夫子今管乐，英才冠三军。

终与同出处，岂将沮溺群？

但是，此时李白对安禄山图谋不轨的行为已经有所了解，因此决定先到军中了解一些情况，然后再作决定。

李白在宫廷时，就对安禄山的种种卑劣行径有所了解。安禄山表面上对唐玄宗忠诚不二，实际上包藏祸心。他靠着唐玄宗对他的宠信，大肆壮大自己的力量，在范阳筑起了雄武城，里面存储着大量的兵器、粮草、战马、牛羊等，同时还养了同罗、契丹、奚等民族的八千健儿为假子，编成"曳落河"的精锐部队。

在家仆当中，安禄山又挑选了百余名勇猛善战者，训练成一支以一当百的贴身侍卫队。他还精心组织了以政治和军事相结合的集团核心班子，其中不乏出色的将才。

渐渐地，朝廷中开始有人指责安禄山想谋反，杨国忠也经常以安禄山要谋反为名，劝唐玄宗削弱安禄山的兵权，但唐玄宗就是不答应。

在这种情势之下，安禄山的势力发展迅速。到天宝十年，他的势力几乎已经膨胀到无法收拾的地步，而昏庸的唐玄宗还蒙在鼓里。

李白对国家这种不正常的政治气候十分敏感。虽然不得重用，但他那种"集天下苍生"的情怀始终没有泯灭。为了详细了解安禄山叛军的图谋与最新动向，他在婉拒何昌浩的邀请后，便打算冒着生命危险，北上幽州，查看安禄山军队在边境的情况。

但是，当李白将自己幽州之行的打算告诉夫人宗氏后，夫人却强烈反对。她说：

"前往幽州探险无异于入龙潭虎穴，且安禄山骄横跋扈，日后必然为乱，君此去必凶多吉少！"

李白没有听从夫人的劝说，他说：

"不入虎穴，焉得虎子？我此行若能探得虚实动静，也能向朝廷上书进言，以避祸乱于未萌，这不也是为社稷苍生立一功劳吗？岂止一功，简直就是不朽奇勋啊！"

（三）

天宝十一年（752）初，李白告别夫人，向幽州进发。一路上，李白经过了梁（今开封）、洛阳、邺城等地。每到一地，他都会受到当地诗界朋友的热烈欢迎。但大家一听说他是北上幽州去打探消息的，又都非常为他担心，纷纷劝其不要去探虎穴。

李白态度坚决，表示自己一定要前往幽州，弄清安禄山的情况。大家见都劝不住李白，只好纷纷嘱咐他一路小心，不可大意。

经过近8个月的艰苦跋涉，李白终于抵达了幽州首府范阳（今北京）。此时天已入秋，幽州已经是一片肃杀的秋色，但安禄山的扩军备战却正搞得如火如荼。

只见原野上，叛军的战车排着整齐的行列，战马掀起漫天的尘土，猎猎的旌旗漫卷着凄凄的风沙，呜呜的画角引来海上的明月。营帐布满了辽东的原野，兵器多得就像天上的星星，士兵们每天都在操练、演习。

李白来到幽州节度使幕府所在地蓟县，以访友的目的来到节度使幕府。不巧的是，李白所探访之人已经升迁去了太原。李白只好离开幕府，住到外面的客栈中。

一天，李白的一位故人，礼部员外郎崔国辅之子崔度前来拜访李白。崔度曾因屡试进士不第，弃文就武，到此已经三年有余，当时正在营州平卢节度使幕府中担任判官之职，对幽州的情况颇为了解。他向李白讲述了自己来幽州三年的见闻和预感，并说出了安禄山意图叛变的阴谋。

原来，安禄山以轻启边衅、假报军功起家。他多次使用阴谋诡计，假意将奚和契丹的长老请来喝酒，并将他们灌醉，然后将其绑起来送给朝廷，充当战俘。

如今，身兼幽州、平卢、河东三镇节度使的安禄山已经握有全国兵力之半，还在边事的掩护之下招兵买马，扩张武力，日夜操练。幽州这一片繁忙的备战景象，并不是为了抵御外来的敌人，而是包藏着极大的祸心。

说到这里，崔度问李白道：

"世叔可曾注意此地的裁缝铺里在做什么吗？"

李白一听，连忙说道：

"我正感到奇怪呢，裁缝铺为何都在赶制各色袍带……"

崔度说道：

"正是。如果不是为了准备封赐大批官员，赶制这些东西有什么用呢？"

"难道是准备另立朝廷？否则，节度使幕府又怎么有权力封赠绯衣银带、紫衣玉带呢？"

说罢，两人面面相觑。

李白猛地站起来，拉住崔度的手，激动地说：

"我们还是速速将此事上报朝廷吧！"

崔度却连连摆手，说道：

"安禄山现在正深得皇上宠信，谁敢到皇上面前告发他呢？"

不久，李白离开幽州，回到河南，准备将安禄山意图谋反的消息上报朝廷，希望朝廷能够对叛军的动向引起重视。

但是，这时的李白根本没有机会见到唐玄宗，他的书信也无法送给玄宗。不仅李白无法告发安禄山，就连许多向玄宗通报安禄山谋反的人，都被玄宗遣送到了幽州，让安禄山处置。李白无能为力，内心充满忧惧和痛苦，只要写诗记叙这件事。正是在这种情境下，他写下了《远别离》这首诗：

> 远别离，古有皇英之二女，
> 乃在洞庭之南，潇湘之浦。
> 海水直下万里深，谁人不言此离苦？
> 日惨惨兮云冥冥，猩猩啼烟兮鬼啸雨。
> 我纵言之将何补？
> 皇穹窃恐不照余之忠诚，雷凭凭兮欲吼怒。
> 尧舜当之亦禅禹。
> 君失臣兮龙为鱼，权归臣兮鼠变虎。
> 或云：尧幽囚，舜野死。
> 九疑联绵皆相似，重瞳孤坟竟何是？
> 帝子泣兮绿云间，随风波兮去无还。
> 恸哭兮远望，见苍梧之深山。
> 苍梧山崩湘水绝，竹上之泪乃可灭。

这首诗影射了安禄山此时已成气候，其势力可以与唐朝廷分庭抗礼。这是李白冒着生命危险了解来的实情，对安禄山的行为进行了深刻的揭露，因此具有强烈的警示作用。

（四）

天宝十一年（752），李林甫抱病而终，杨国忠依靠杨贵妃的裙带关系，平步青云当了宰相。然而，杨国忠根本没有任何政治才能，一朝得势后，便对百官颐指气使，且毫不掩饰地贪赃枉法，徇私舞弊，将朝政搞得乌烟瘴气，唐王朝也越来越走向衰落腐败。

而且，杨国忠还一味地满足唐玄宗好大喜功的愿望，怂恿玄宗对外进行穷兵黩武的扩张战争。但杨国忠又缺乏军事才能，导致对外战争屡屡失败。两次征讨南诏，唐军几乎全军覆灭，导致唐王朝元气大伤，国家迅速走向衰颓。

但是，杨国忠却隐瞒真实战况，一味向玄宗请功邀赏。同时，他还在民间大肆抓捕壮丁，以补充兵力，让更多无辜的百姓成了战争的牺牲品，导致百姓怨声载道，苦不堪言。

李白此时虽然已不在朝中，但仍然时刻都在关注着朝廷的动向，对朝中的政治局势也了解很多。当得知杨国忠的种种劣迹，看到无穷无尽的战争给百姓带来的巨大灾难后，既愤怒又担忧。因此，他在这期间写了较多抨击时政和战争的作品。

比如，李白以妇女的口吻，写了一首反对丈夫出征的诗歌——《子夜吴歌》四首。其中第三首为：

　　长安一片月，万户捣衣声。
　　秋风吹不尽，总是玉关情。
　　何日平胡虏，两人罢还征。

有时，他也直接写战争的残酷性，以抒发对无意义战争的愤懑之情，如：

　　去年战，桑干源；
　　今年战，葱河道。
　　洗兵条支海上波，放马天山雪中草。
　　万里长征战，三军尽衰老。

匈奴以杀戮为耕作，古来惟见白骨黄沙田。

秦家筑城备胡处，汉家还有烽火燃。

烽火燃不息，征战无已时。

野战格斗死，败马号鸣向天悲。

乌鸢啄人肠，衔飞上挂枯树枝。

士卒涂草莽，将军空尔为。

乃知兵者是凶器，圣人不得已而用之。

——《战城南》

对于杨国忠怂恿玄宗征战云南一事，李白也是坚决反对的。为此，他也写了一首诗来表达自己的不满之情：

羽檄如流星，虎符合专城。

喧呼救边急，群鸟皆夜鸣。

白日曜紫微，三公运权衡。

天地皆得一，澹然四海清。

借问此何为？答言楚征兵。

渡泸及五月，将赴云南征。

怯卒非战士，炎方难远行。

长号别严亲，日月惨光晶。

泣尽继以血，心摧两无声。

困兽当猛虎，穷鱼饵奔鲸。

千去不一回，投躯岂全生。

如何舞干戚，一使有苗平。

——《古风》三十四

谁愿意去征战云南呢？不是老百姓，不是战士，却是统治阶级贪官污吏的首领杨国忠。据记载，那时因为士兵不愿意打仗，百姓生活又被他们剥削穷了，他们就用欺骗的方法，说是给他们放账发粮。等穷苦百姓来领粮食了，就将他们捆绑起来，送到前线。

征战云南的结果如何呢？20万人统统死光，没有回来的，可杨国忠还卑鄙地在玄宗面前捏造胜利的消息呢！

战争结束后不久，灾荒就蔓延到了京城长安，长安城内物价大涨，百姓生活更加困苦。李白曾写道：

> 云南五月中，频丧渡泸师。
> 毒草杀汉马，张兵夺云旗。
> 至今西二河，流血拥僵尸。
> 将无七擒略，鲁女惜园葵。
> 咸阳天下枢，累岁人不足。
> 虽有数斗玉，不如一盘粟。
>
> ——《书怀赠南陵常赞府》

这就是安史之乱前夕的光景，也是李白极力披露的社会现实。

　　一天，李白在山里的一家小酒店里饮酒赏景，正欲吟诗寄情，只听得有人朗朗有声："负薪朝出卖，沽酒日西归。借问家何处？穿云入翠微！"李白听罢，十分吃惊，忙追出门去。只见一位砍柴老人正在街头的小桥上行走，虽然步履蹒跚，可李白就是赶不上。微风吹来，老人满头的银发在身后飘洒，像远处的山雾一样，可望而不可即。追上小桥，穿过竹林，李白跑得大汗淋淋，气喘吁吁，定眼一看，老人早已无影无踪。李白顿足长叹："老者诗人高超，当欲求救，如今失之交臂，可惜，可惜！"后来，李白多方打听，寻遍山野，终于在一片苍翠茂密的山林中找到了老者。从此，李白早出晚归，人们经常看到李白和这位老翁坐在溪边的大青石上，对饮叙谈，吟诗论道。

第十四章　南下宣城

推倒一世豪杰，开拓万古胸襟。

——（唐）李白

（一）

李白离开幽州后，几经辗转，来到安徽宣城。这里风景秀丽，水光山色，而且这里还是南朝诗人谢朓做官的地方。李白很喜欢这里，尤其对魏晋南北朝时期诗人的风采风流颇为神往，对谢朓的诗歌更是情有独钟，经常在自己的诗中表示倾慕之情。比如：

弃我去者，昨日之日不可留；
乱我心者，今日之日多烦忧。
长风万里送秋雁，对此可以酣高楼。
蓬莱文章建安骨，中间小谢又清发。
俱怀逸兴壮思飞，欲上青天揽明月。
抽刀断水水更流，举杯销愁愁更愁。
人生在世不称意，明朝散发弄扁舟。

——《宣城谢朓楼饯别校书叔云》

　　谢朓曾做过宣城太守，当地有一座楼，人称谢朓楼。李白的这首诗写得酣畅淋漓，发兴无端，来无影，去无踪，读者只能随着诗人的激情跌宕。本来是各种烦扰、忧愁，但面对长风秋雁，开怀畅饮，诗人的情绪重新振作起来。

　　诗人还想到了自己。他认为，那些杰出的诗人都具有"欲上青天揽明月"的壮怀思想。而正当激情上扬之时，诗人的情绪忽然又跌入低谷。最后，在给出"人生在世不称意，明朝散发弄扁舟"这一无可奈何的答案之后，诗人的情绪消退在无边的宁静之中。

　　天宝十三年（754），李白又来到广陵（今江苏扬州）。在这里，他遇到了一位十分崇拜他的青年诗人魏万。魏万后改名魏颢，隐居在王屋山（今陕西阳城境内），号王屋山人。

　　魏万十分仰慕李白，并希望能够有机会见到李白。因此，在两三年前他就追寻着李白的踪迹。当听说李白在开封时，魏万急忙赶到开封，可惜当时李白已经离开开封去了山东。魏万又追到山东，才获悉李白早已南下。他随后又追到吴越一带，李白却已经离开，直到广陵两人才相见。

　　当两人相见时，李白见魏万身穿日本裘服，精神抖擞；魏万见李白目光炯然，风流蕴藉。两人交谈后，十分投缘，虽然此时李白已经54岁，而魏万还很年轻。

　　李白对魏万也很欣赏，并相信他日后定会成名，还将自己的诗文稿交给魏万，请魏万编集。后来，魏万果然中了进士，也编好了《李翰林集》，并为其写了一篇序言。这也是李白最早的一本诗集，可惜现在已经散佚，只留下了那篇序言。

　　两人还一起乘船来到金陵，并在金陵分手。临行前，李白特写了《送王屋山人魏万还王屋并序》一诗送给魏万。诗曰：

　　　　我苦惜远别，茫然使心悲。

黄河若不断，白首长相思。

魏万也回赠李白一首《金陵酬翰林地仙子》，其中曰：

君游早晚还，勿久风尘间。
此别未远别，秋期到仙山。

可惜的是，此后两人再也没有相见。

正当李白在江南一带漫游时，唐朝历史上一场浩大的暴乱终于发生了……

（二）

天宝十四年（755）十一月，平卢、范阳、河东三镇节度使安禄山以奉密诏讨伐杨国忠为名，在范阳起兵。长达8年之久的安史之乱拉开了序幕。

唐玄宗早年曾励精图治，但晚年时期以为已经天下太平，对政治无所用心，开始沉溺于声色享乐之中。当时，朝中由李林甫执政，他一向迎合玄宗的心意，屡兴冤狱。

天宝四年（745），唐玄宗册封杨太真为贵妃。杨贵妃姿质丰艳，能歌善舞，很快就得到了玄宗的无比宠爱，正所谓"三千宠爱在一身"。杨贵妃爱吃荔枝，但荔枝产自南方，保鲜时间又短。于是，玄宗就命岭南每年驰驿进贡。从岭南到西北京城有几千里的路程，无数驿站备马疾驰，传送荔枝。

为此，晚唐诗人杜牧写了一首《过华清宫》，以咏其事。诗曰：

长安回望绣成堆，山顶千门次第开。

一骑红尘妃子笑，无人知是荔枝来。

杨玉环得宠后，她的亲戚也都纷纷加官进爵，杨国忠便是其中的获益者。杨国忠生性豪爽，好饮酒赌博，也善于逢迎皇帝，因此深得玄宗赏识。不到10年的时间，杨国忠就做到了宰相的职位，权倾天下。

然而，杨国忠得势后，只想着自己的荣华富贵，根本没想到协助皇帝治理天下，也不考虑社稷的安危，结果导致唐王朝后期朝政混乱，国势衰微。安史之乱在很大程度上就是在这种境况之下促成的。

安禄山的叛军基本上都是游牧民族的军事战术，快速、勇猛、灵活，主力部队在正面进攻，没有迂回，也不用左右侧翼的掩护，直接自范阳出发，直扑洛阳。所到之处，竟然没有遇到官兵的抵挡，很快就攻下了洛阳。

在洛阳，安禄山自称熊武皇帝，国号为燕。不久，叛军即占领了长安，同时还令其部将史思明占领了河北十三郡地。

在安史之乱爆发后，朝廷中竟然没有几个大臣主张抵抗的，这也让叛军的气焰更加嚣张。而更让人无法容忍的是，叛军到来时，老百姓要逃难，杨国忠竟然命人将桥烧毁，让老百姓惨遭叛军的屠杀和蹂躏，统治者们自己则逃之夭夭，就连玄宗皇帝自己也带着家眷妃嫔仓皇出逃。

统治者的逃跑，以及杨国忠一伙与百姓为敌的行为，令广大群众乃至军队士兵都切齿痛恨。当玄宗皇帝和杨国忠等人逃到陕西境内的马嵬坡时，兵士们纷纷起兵反叛，要求杀掉杨国忠和杨贵妃。愤怒的士兵们甚至将杨国忠的尸体割碎，以解心头之恨。唐玄宗也被迫下令缢死杨贵妃，这样才稍微平息了士兵们的怨愤，唐玄宗也才有机会得以逃到四川。

尽管杀掉了杨氏一门以谢罪天下，但却根本无法挽回唐王朝的败局。安禄山叛军所到之处，州官县令们几乎无人抵抗，大多都开门迎敌，致使叛军一路长驱直入。

此时，唐玄宗已经逃往四川，而太子李亨则逃到了甘肃灵武。在众人的恳求之下，太子自立为皇帝，后称唐肃宗。随后，新皇帝即刻指挥军队，与叛军展开了艰苦的战斗。

（三）

安史之乱爆发时，李白正在宣城，不久又来到金陵附近的溧阳。在此期间，李白作《猛虎行》一诗，表现出了对时局的密切关注。诗曰：

> 旌旗缤纷两河道，战鼓惊山欲倾倒。
> 秦人半作燕地囚，胡马翻衔洛阳草。
> 一输一失关下兵，朝降夕叛幽蓟城。
> 巨鳌未斩海水动，鱼龙奔走安得宁？
> 颇似楚汉时，翻覆无定止。

虽然这场叛乱早在李白的预料之中，虽然他已经有遁世避乱的打算，但面临国家遭遇的灾难，李白对国家的担忧与热爱之情又占据了上风，心中的爱国之情也空前高涨起来。因此，李白希望自己能参与到朝廷的反叛斗争中去。

李白先从金陵出发，骑马飞奔陆城接了儿子，又到亲家去看了一眼女儿女婿。离开女儿家后，李白与儿子又一同前往宋城梁园去接宗夫人。

在北上接宗夫人的途中，李白亲眼目睹了大量安禄山叛军屠杀百姓或令百姓流离呻吟的罪行，同时也根据自己的亲身经历，写下了《北上行》一诗：

北上何所苦，北上缘太行。

磴道盘且峻，巉岩凌穹苍。

马足蹶侧石，车轮摧高冈。

沙尘接幽州，烽火连朔方。

杀气毒剑戟，严风裂衣裳。

奔鲸夹黄河，凿齿屯洛阳。

前行无归日，返顾思旧乡。

惨戚冰雪里，悲号绝中肠。

尺布不掩体，皮肤剧枯桑。

汲水涧谷阻，采薪陇坂长。

猛虎又掉尾，磨牙皓秋霜。

草木不可餐，饥饮零露浆。

叹此北上苦，停骖为之伤。

何日王道平，开颜睹天光。

这首诗写了自己一路的北上见闻，真实而深刻地描叙了自己一路亲眼所见的种种灾难痛苦，同时也是对叛军罪行最强烈、最令人信服的批判。

接到夫人后，李白一家跟随难民一起向南逃去。在南逃的一路上，李白又看到了一座座城墙下堆着的士兵和百姓的尸体，一些城楼上还挂着血淋淋的人头，一些城中也是一片片火海，痛哭呼喊之声不绝于耳。

这一路上看到国家遭受蹂躏的惨痛情景，李白既震惊又痛心，同时也对统治者们贪生怕死的不抵抗政策异常愤怒。于是，他又挥泪写下了《经乱离后天恩流放夜郎忆旧游书怀赠江夏韦太守良宰》一诗。诗曰：

汉甲连胡兵，沙尘暗云海。
草木摇杀气，星辰无光彩。
白骨成丘山，苍生竟何罪？
函关壮帝居，国命悬哥舒。
长戟三十万，开门纳凶渠。
二圣出游豫，两京遂丘墟。

这首诗对叛军给百姓带来的灾难和痛苦进行了深刻的揭露，对开城纳敌的唐朝将领进行了愤怒的批判，同时指出人民所经受的这些痛苦与灾难都是统治者们的不抵抗与逃跑政策导致的。因此，这首诗也是对统治者们不抵抗政策的无情控诉。

在北上及南逃的一路上，李白亲眼看到、亲耳听到、亲身感受到了安史之乱下人民的痛苦。因此，他对安史之乱的严重性也有着更加深刻的认识，结束战乱的愿望也更加强烈。这再一次激发了他渴望建立功名、平定战乱、一扫天下妖氛的愿望，那种"济天下苍生"、扭转时代乾坤命运的精神也再次爆发出来。

后来，李白亲自参加永王李璘的幕府，积极参加平叛斗争，都与他对叛军所犯下罪行的真实了解和感受有着很大的关系。

第十五章　入幕王府

戎马鸣兮金鼓震，壮士激兮身忘命。

——（唐）李白

（一）

唐玄宗在逃亡四川时，并不知道太子李亨已经继位称帝，仍然下令实行诸王分镇，也就是让自己的几个儿子分别坐镇各大区域，领兵出战，平定叛乱。

其中，太子李亨任"天下兵马元帅"，坐镇北方、东北地区，南取长安、洛阳；永王李璘负责南方区域；盛王李琦分管中部及东南一带；丰王李珙负责西北地区。

在这四王之中，盛王和丰王并没有出兵，太子李亨在北方统率，实际只有永王李璘一个人出来领兵。玄宗还命令，各路诸王可以自行任命官署，自行筹备粮草，这无疑让永王李璘拥有了割据之地。

唐玄宗在下达这一命令一个月后，才接到太子李亨已经登基的消息。面对太子继位的事实，唐玄宗也只能认可。但"诸王分镇"的诏令已经下达，根本无法挽回了。

永王李璘是唐玄宗的第十六子。接到玄宗的诏令后，他立即赶到江陵，招募数万将士，组建水师，然后沿江东下，直抵金陵。永王以平乱为号召，招募士卒，好像准备北上，但他却占据了江陵，似有割据江东之势。已经继位的肃宗李亨见状，诏令李璘归觐于蜀，但李璘不从。

在唐朝时期，皇位的继承并没有很牢固的成规。按照传统，嫡长子应被立为太子，日后继承皇位。但是，唐朝时期的太子经常有被废的情况发生。唐玄宗自己就不是嫡长子，因此他所立的太子也几经变更，最后才立的李亨。

安史之乱爆发后，李亨乘机分兵北上，自立为帝。既然是"自立"，那他继位的合法性就有待商榷。因此，李亨要得到各方的支持和拥戴，就必须付出一定的努力。

而永王李璘拥兵江陵，准备平定叛乱，扩大自己的势力，也需要争取天下名士的支持，以提高自己的声望与影响力。因此，永王李璘一路东下，以平定安禄山的叛乱为名，广招天下贤才。与此同时，东南民众也都希望拥有一支抵御敌军的军队，早日平定叛乱。因此，不少人都加入永王李璘的幕府之中，为其效力。

天宝十五年（756）十二月，永王李璘在东巡时，其重要谋士韦子春奉永王之命，来到庐山招募贤士。

韦子春是李白在天宝初年待诏翰林时所结识的友人，曾在秘书监担任过八品著作郎。由于多年不得升迁，他辞官归乡。永王李璘招募贤士，韦子春便在友人李台卿的邀请下，入幕永王府，担任司马之职。这次他来庐山，就是奉永王之命，招李白入幕的。

李白与韦子春见面后，两人纵谈天下大势。想到马上就有机会实现自己定国平天下的理想了，李白一时兴起，准备马上就随韦子春出山，辅佐永王李璘。

但是，夫人宗氏却拦住了李白，将他拉到一旁，俯在他耳边劝他多思考几天。李白觉得夫人说得有道理，便婉拒了韦子春的邀请。

　　几天后，韦子春又来拜访李白，还为李白带来500两黄金。李白不是个为金钱所动的人，因此依然没有答应。

　　直到第三次，韦子春再一次带着永王李璘的口谕来邀请李白，李白感到了永王对自己的器重，才答应出山，跟随韦子春入幕永王府中。李白也像想当年诸葛亮辅佐刘备一样，希望自己能成为诸葛亮那样的人物，辅佐永王李璘平定叛乱，扭转天下局势，复兴大唐王朝。

　　在临行前，李白还写了一首诗赠送给韦子春，诗中写道：

苟无济代心，独善亦何益？

惟君家世者，偃息逢休明。

谈天信浩荡，说剑纷纵横。

谢公不徒然，起来为苍生。

秘书何寂寂，无乃羁豪英。

且复归碧山，安能恋金阙。

旧宅樵渔地，蓬蒿已应没。

却顾女几峰，胡颜见云月。

——《赠韦秘书子春》二首

　　李白认为，如果缺乏济世之心，只是自己做一个品德高洁的人又有什么益处呢？诗中的"谢安"指的是东晋的谢安。谢安曾屡屡与朝廷意旨不合，后辞官高卧东山，然而胸怀济世之心，最终出来做官，拯救天下苍生。这首诗中，李白也借助谢安的做法说出了自己的理想。

（二）

　　李白跟随韦子春下山后，正好赶上永王李璘的大军已到浔阳。只见大江之上，军船千里，旌旗蔽空；又听得军鼓阵阵，画角呜呜。

"多么威武的队伍！多么整齐的军容！多么令人鼓舞的王师啊！"李白不住地赞叹道。

见到永王李璘后，李璘对李白非常热情，并给予李白很高的评价和尊崇。李白感觉自己如同乐毅登上燕昭王的黄金台一样，不由得赋诗道：

> 浮云在一决，誓欲清幽燕。
> 愿与四座公，静谈金匮篇。
> 齐心戴朝恩，不惜微躯捐。
> 所冀旄头灭，功成追鲁连。

——《在水军宴赠幕府诸侍御》

在跟随永王的军队东进途中，李白更是壮怀激烈，内心诗情汹涌，接连写下了《永王东巡歌十首》。其中的第二首为：

> 三川北虏乱如麻，四海南奔似永嘉。
> 但用东山谢安石，为君谈笑静胡沙。

这首诗依然以谢安自比，表明自己要为国家平定叛乱的决心。
第十首为：

> 试借君王玉马鞭，指挥戎虏坐琼筵。
> 南风一扫胡尘静，西入长安到日边。

这首诗则是希望永王能够赋予自己军队的指挥权，让他能像当年的诸葛亮一样，身居帷幄，便能令胡人安禄山的叛军心悦诚服，听从调遣。平息叛乱后，他会西归长安，向唐天子汇报战况。

从这些诗歌中，可以看出李白当时的建功立业之心，以及高度的爱国情怀。

永王李璘在江陵统领南方四道节度都使，总把兵权，封疆达数千里；加上南部地区没有遭到战争破坏，经济富足，李璘似乎可以坐拥金陵，保有江南。这也是永王的谋臣为他设计好的行动路线及战略决策。

唐肃宗李亨自然也看到了这一点，因此，永王在南方招募兵马贤士，组成水师，让肃宗李亨倍感紧张。

一些精明之士也都在掂量肃宗与永王两者之间的势力。逃往四川的唐玄宗在下达分镇诏书时，即任命长沙太守李岘为永王的都副使。但没多久，李岘就自己生病为借口辞官了，并很快投奔到肃宗的一边。

李璘在率兵东下时，文学家萧颖士正在江东一带避难。李璘写信请萧颖士出山，但萧颖士并未应招，而是逃走了。不久，萧颖士也接受了肃宗方面广陵长史李成式的邀请，成为广陵幕府中的幕僚。

李白的好友孔巢父也接到过永王李璘的邀请，但他也隐藏起来，没有接受李璘的招募。

面对这复杂的形势，李白未必不知道其中的风险。但他当时一心要实现自己的理想，根本无暇顾及这些险恶的现实因素。

但是，历史是不会迁就有志之人的愿望的。各种现实因素都足以从任何一个方面改写一个人的理想方案和历史进程。永王李璘最终就让李白大失所望。

（三）

永王李璘是个不谙世事的人，缺乏军事和政治经验，他的幕僚当中也缺乏有才能之士。因此，在李亨已经以太子身份自立为帝的情况下，李璘要平定叛乱，建立功勋，希望实在是太渺茫了。

但是，永王李璘在江陵起兵平叛，对肃宗李亨来说无疑是个严重的威胁。李亨十分不安，立即令淮南节度使高适（李白、杜甫的朋友）率军前往阻拦李璘。当时，叛军正在四处作乱，而肃宗李亨为巩固自己的地位，不惜抽调高适的军队来对付自己的兄弟。

至德二年（757）二月，在唐肃宗出师讨伐之下，永王李璘的军队在镇江溃败，永王也在奔逃过程中，被江西采访使皇甫侁所杀。

永王兵败，李白也随着溃败的人流慌忙南奔。在逃亡途中，李白还作有《南奔书怀》一诗。诗曰：

> 主将动谗疑，王师忽离叛。
> 自来白沙上，鼓噪丹阳岸。
> 宾御如浮云，从风各消散。
> 舟中指可掬，城上骸争爨。
> 草草出近关，行行昧前算。
> 南奔剧星火，北寇无涯畔。
> 顾乏七宝鞭，留连道傍玩。

李白称永王的军队为"王师"，称肃宗的军队为"北寇"，由此也可看出他对永王的拥戴与忠心。

在逃亡途中，李白穷途末路，深感自己受到了巨大的冤屈。春寒料峭的二月，李白逃到一间破败的庙宇歇息，但由于担心追兵将至，不敢入睡。寒冷和饥饿让他的身体不停地颤抖。望着庙门外的明月，李白觉得自己的内心就像天空的那轮明月一样，无可猜疑，忠心可表。这样想来，李白的内心感觉舒适了一些。

渐渐地，李白的雄心壮志再一次迸发出来。借着月色，他又提笔在庙宇的墙壁上写下了《独漉篇》。诗曰：

> 独漉水中泥，水浊不见月。
>
> 不见月尚可，水深行人没。
>
> 越鸟从南来，胡鹰亦北渡。
>
> 我欲弯弓向天射，惜其中道失归路。
>
> 落叶别树，飘零随风。
>
> 客无所托，悲与此同。
>
> 罗帏舒卷，似有人开。
>
> 明月直入，无心可猜。
>
> 雄剑挂壁，时时龙鸣。
>
> 不断犀象，绣涩苔生。
>
> 国耻未雪，何由成名？
>
> 神鹰梦泽，不顾鸱鸢。
>
> 为君一击，鹏抟九天。

这首诗通过浊水中没有行人的例子，来表明自己是在不知情的情况之下陷入皇室政治争斗的泥沼的，也是对自己心迹的最好表白。"明月直入，无心可猜"，成为人们表明自己心底纯洁无私的常用表达。

同时，诗人面对安史之乱，还抒发了自己欲效法搏击九天之鹏的神鹰，一举击败叛军成功，为国家作出贡献的雄心壮志。

在逃亡途中，李白战战兢兢地过了几十天，但由于名声响亮，行迹难藏，最终在返回庐山的途中被捕，并被关入浔阳监狱。

当客居成都的杜甫得知李白被捕入狱后，感到十分惋惜，遂写《不见》一诗。诗中写道：

不见李生久，佯狂真可哀！
世人皆欲杀，吾意独怜才。
敏捷诗千首，飘零酒一杯。
匡山读书处，头白好归来。

　　这首诗用质朴的语言，表现了杜甫对挚友李白的深情关怀与惦念。

　　至德二年九月，郭子仪率兵收复长安，继而又收复洛阳。十月，唐肃宗回到长安。此时的长安城内，叛军余部虽在，但气焰已弱，不成气候。在随后的两年中，给大唐王朝带来灭顶之灾的安史之乱终于被彻底平定了。

第十六章　流放之路

君不见，高堂明镜悲白发，朝如青丝暮成雪。

——（唐）李白

（一）

李白入狱后，心情十分郁闷。永王李璘领兵是奉唐玄宗的旨意，自己出于救国救民的至诚，加入永王的幕府，渴望在平定战乱的战争中建立奇功。可转眼之间，自己却落得个身陷牢狱的下场。想到这里，李白不由得满怀激愤，内心也陷入极度痛苦之中。

为了能够出狱，李白给自己的夫人宗氏写了一封信，托狱吏设法投送出去。宗夫人来后，李白又写了一篇申诉书给宗氏，让她找以前的朋友营救自己。宗夫人带着李白的申诉书四处奔走，各方求助。但李白的朋友虽多，在这件事情上却无能为力。

李白又给自己过去的友人，此时已是扬州都督长史、淮南节度使的高适献诗，请他解救自己。还给当时的宰相，负责处理永王李璘起兵一事的崔涣写信，向他鸣冤求救。其中，《上崔涣百忧章》便是一首申诉诗。诗曰：

共公赫怒，天维中摧。

鲲鲸喷荡，扬涛起雷。

玉龙陷入，成此祸胎。

火焚昆山，玉石相碨。

仰希霖雨，洒宝炎煨。

箭发石开，戈挥日回。

邹衍恸哭，燕霜飒来。

微诚不感，犹絷夏台。

苍鹰搏攫，丹棘崔嵬。

豪圣凋枯，王风伤哀。

斯文未丧，东岳岂颓。

穆逃楚难，邹脱吴灾。

见机苦迟，二公所咍。

骥不骤进，麟何来哉。

星离一门，草掷二孩。

万愤结习，忧从中催。

金瑟玉壶，尽为愁媒。

举酒太息，泣血盈杯。

台星再朗，天网重恢。

屈法申恩，弃瑕取材。

冶长非罪，尼父无猜。

覆盆倘举，应照寒灰。

在这首诗中，李白运用了大量的历史典故，曲折地说明了自己的冤枉，对自己的冤屈也进行了充分的辩解，向崔焕表达了自己身陷图圄、妻离子散的悲哀。同时，诗中还处处以圣人自喻，表明诗人虽身陷牢狱，但依然壮志未灭，渴望出去后能继续为国家、为朝廷效力。

崔涣和当时的御史中丞宋若思看到李白在狱中为自己写的辩白诗歌后，深为感动，遂共同审理了李白的案件，并查明李白实属无辜，不久将其释放出狱，免于一死。

宋若思见李白才华横溢，还邀请李白加入自己的幕府，并让李白随军到了武昌。李白十分高兴，重新鼓起勇气，要为国效力。

到达武昌后不久，李白就因病离开了宋若思的幕府，到今安徽宿松县养病去了。然而就在李白重新展望自己的前程时，厄运再次降临。

原来，李白起初已被唐肃宗以"附逆作乱"的罪名判处了死罪，幸而崔涣等人的解救，才未落得因附逆而被杀的下场。

但肃宗回到长安，坐稳自己的皇帝宝座后，第二年又将未了的永王叛乱案件提出来重新审理。肃宗担心李白名声太大，从逆而不定罪名，将来会产生不好的影响。在征得大臣的意见后，肃宗最终采纳了天下兵马副元帅郭子仪的意见，认为李白的名气太大，不能杀，因此将其流放夜郎（今贵州省正安县）。

（二）

李白因永王李璘事件身陷牢狱后，世人对他的态度也发生了巨大变化。以前大名鼎鼎、名满天下的诗仙，一下子成了叛臣贼子，人们对他唯恐避之不及。一些愚妄之人更是不辨黑白是非，对他肆意加以攻击。这种在生与死、荣与辱之间的巨大变故，也让李白彻底感受到了人世间的冷暖炎凉，令他晚年的心态发生了巨大的变化。

在李白还未踏上流放之途时，听说好友高适已经做了淮南节度使，又听说永王的大将季广琛受到了高适的招抚，而且还升了官。于是，李白就给高适写了一封信，希望高适能够给自己以援手，劝说肃宗免除自己的流放之刑。

但是，李白苦苦等来的却只有高适寄来的一封小诗。诗中写道：

> 恨君不是季广琛，无权无势更无兵。
> 一介布衣等尘土，管仲难救鲍叔卿。

从诗中可以看出，高适为了保全自己，不愿出手搭救李白这个一介布衣。

李白对高适的回信深感失望。想到自己多年前与高适一起在梁宋一带惬意的生活，那亲密的兄弟情谊是何等深刻。如今，自己一旦沦为阶下囚，这一切就都不存在了！

不但高适如此，在李白遭遇的这场劫难中，过去与他有过交往的大部分达官贵人对他避而远之。夫人宗氏四处奔走，受尽奚落与冷眼，希望有人能出头营救李白，让他免于流放之苦。然而，没有一个权贵愿意出头。

李白在看透了这些官吏们对自己态度后，深感失望。因此，他也不再将希望寄托在这些官吏身上，遂接受了流放的命运。

唐肃宗乾元元年（758）春，58岁的李白从浔阳出发，踏上了流放之路。去往如此遥远的地方，李白都不知道自己是否还有机会回来，因此将宗夫人托付给妻弟后，沿着长江向四川方向进发了。

作为唐王朝著名的诗人，李白流放途中没有遇到什么虐待。地方官员、各地的老友等，也都比较乐意接待他。李白一路赋诗，答谢那些对他关照的人。但毕竟身为罪人，心中满是凄凉。

　　李白带着手铐脚镣，渡过洞庭湖，沿着长江而上。当行至江陵，正准备进入三峡时，杜甫的信件已经寄到了江陵府，等着李白去取。李白听说杜甫的信件在路上等他，十分激动。这个分别了十几年的老朋友，至今心中还记挂着他啊！

　　李白急忙拆开杜甫给他寄来的信，原来此时杜甫的处境也十分艰难。战争结束后，关中大饥，生计难续，杜甫不得不携带家眷前往秦州投靠亲友。

　　看完杜甫的信后，李白又读到了几首杜甫为他所写的诗歌。在朝廷对李白的一片喊杀贬黜声中，杜甫坚定地支持着李白，赞颂并怜惜他的才华。杜甫的忠贞友谊让李白感怀不已。

　　在杜甫写给李白的诗中，《梦李白》二首是最令李白感动的。诗曰：

其一

死别已吞声，生别常恻恻。

江南瘴疠地，逐客无消息。

故人入我梦，明我长相忆。

恐非平生魂，路远不可测。

魂来枫林青，魂返关塞黑。

君今在罗网，何以有羽翼。

落月满屋梁，犹疑照颜色。

水深波浪阔，无使蛟龙得！

其二

浮云终日行，游子久不至。

三夜频梦君，情亲见君意。

告归赏局促，苦道来不易。

江湖多风波，舟楫恐失坠。

出门搔白首，若负平生志。

冠盖满京华，斯人独憔悴。

孰云网恢恢，将老身反累。

千秋万岁名，寂寞身后事。

这两首诗简直就像是挽歌一般，对李白的惋惜和牵挂之情溢于言表。李白读着诗歌，禁不住泪满双颊。在他最痛苦、最失落的时候，他深切地感受到了来自老友杜甫的巨大精神安慰。

（三）

李白流放途中所经过的路线，正是他出川时所经过的路线。从青年时代出川，到如今再次踏上回川之旅，其间一晃就是30多年。

直到入冬，李白才进入三峡。这里的山高峻陡峭，江面狭窄得仿佛触手可摸。到了黄牛山下，船航行了三天三夜，还没有走出它的范围。李白这流放之身，经历着这种迟缓的行程，实在是既感到漫长又感到难捱。李白愁苦难耐，于是在舟中作《上三峡》一诗：

巫山夹青山，巴水流若兹。

巴水忽可尽，青天无到时。

三朝上黄牛，三暮行太迟。

三朝又三暮，不觉鬓成丝。

　　李白在三峡上行驶了两个多月，直到第二年开春才来到夔州的州治奉节——古白帝城。再向前走，就要南下黔中道，到达古夜郎了。

　　站在白帝城头，李白简直是百感交集。他想起自己青年时代也从这里出三峡、下长江，东游金陵和扬州。那时的大唐王朝正值繁盛时期，自己也正风华正茂，前途一片光明。可惜，开元盛世竟如昙花一现，后来国势日渐衰颓，自己的境遇也每况愈下。再后来，安史之乱爆发，社稷飘摇，自己也陷入九死一生的境地。李白惊讶地发现：自己一生的处境竟与大唐王朝的国运如此地如影随形！

　　想到如今国家社稷的安危，以及自己一生的失意，李白写下了《公无渡河》一诗，对自己悲凉的一生做出了自哀自怜的总结。诗曰：

　　　　黄河西来决昆仑，咆哮万里触龙门。
　　　　波滔天，尧咨嗟。
　　　　大禹理百川，儿啼不窥家。
　　　　杀湍湮洪水，九州始蚕麻。
　　　　其害乃去，茫然风沙。
　　　　被发之叟狂而痴，清晨临流欲奚为。
　　　　旁人不惜妻止之，公无渡河苦渡之。
　　　　虎可搏，河难凭，公果溺死流海湄。
　　　　有长鲸白齿若雪山，公乎公乎挂罥于其间。
　　　　箜篌所悲竟不还。

　　在这首诗中，李白借一个被发配的老翁不顾妻子的劝阻，执意要渡河，结果被淹没在滚滚黄河之中，以此来隐喻自己一生求索的失败。李白自己一生都在政治道路上追求，想要建功立业，报效国家，这不就是一位不顾他人劝阻、执意要渡过波涛汹涌的险滩，到达光明彼岸的勇敢的渡河者么？

然而，李白终身求渡这条险河，最终却以失败告终，淹死在政治这条大河当中。这是李白的悲剧，也是那个时代的悲剧。

李白不直接写诗抒发自己追求失败的惨境，而是采取这种隐讳曲折的方式，实在是心有不甘。但是，连续两次遭遇巨大的政治失败的打击后，李白也已心如寒灰。他的生命也正如诗中那坠河而亡的老叟一样，空留下一具枯骨。

第十七章 晚景凄凉

光景不待人，须臾发成丝。

——（唐）李白

（一）

就在李白准备离开奉节，南下黔中道，前往夜郎时，忽然喜从天降。乾元元年（758）秋，由于遭遇旱灾，朝廷诏令赦免流犯一下的罪犯，李白自然也在赦免范围之内。虽然这不是专门为李白昭雪的，是全国性的大赦，但李白得到这个消息后，还是十分高兴。

李白又重新恢复了自由，于是调转船头，向京城方向返去。一路上，李白惊喜交加，难以抑制自己内心的激动之情，遂作诗一首：

朝辞白帝彩云间，千里江陵一日还。
两岸猿声啼不住，轻舟已过万重山。

——《早发白帝城》

在达到岳州时，李白遇到了诗人贾至。贾至曾任中书舍人，此时已被贬为岳州司马。两人都有在京城做官的经历，又都有被贬放逐的遭遇，此时相遇，颇有同病相怜之感。

不过，此次能够被赦放回，李白的心情比之前还是开朗了许多，对返回京城后的前途也充满了希望。

经过江夏时，李白又遇到了老友韦良宰。当时，韦良宰任江夏太守的任期将满，即将回京城任职。李白嘱咐韦良宰：

"君登凤池去，忽弃贾生才。"

此时的李白已经60岁了，但仍然壮心不已，希望自己能像汉代的贾谊一样，尽情地发挥自己的才华。

然而，当李白从流放之地返回的路上，沿途请求其他官员推荐他，让他能够重新回到长安为朝廷效力时，却没有人敢推荐。原因是他乃因犯之身，不过是因为天下大赦而侥幸逃脱惩罚，得以返回而已。地方官员对李白也很冷淡，这让李白再次受到打击，也让他的生活没了着落。

经过一番舟车劳顿，李白终于于上元元年（760）回到家中。长流夜郎，路途遥远艰辛，李白心力交瘁，健康状况也大不如前。但是，生活陷入困境的李白还不得不依靠妻弟宗璟生活。宗璟当时在县里当个小吏，平时薪俸也十分有限，因此李白一家人的生活十分艰辛。

李白也知道宗璟生活艰难，依靠他负担自己的日常生活，实在有些于心不忍。因此，在家生活没多久，李白就离家前往鄱阳湖一带出游，并拜访了州县的一些官员，写一些赠诗，得到一些馈赠。此时的李白，简直是靠乞讨度日了。他将这些别人馈赠给他的微薄银两交给宗璟补贴家用，总算是解决了家中的燃眉之需。

上元二年（761），东南浙江一带仍然有叛军的残部在活动，又有平民攻占官府，聚众暴动。不久，叛军又聚集一部分人马，再次攻陷了宋州。宋州向朝廷告急，唐肃宗遂任命天下兵马副元帅李光弼为临淮王，出镇徐州，与僚属一起策划击败叛军，收复宋州，以组织叛军继续南下。

宋州梁园是宗夫人的故乡。因此，当李白听说宋州被叛军占领后，心中十分着急，决定前往徐州投靠李光弼的军队，希望能为收复宋州出一份力。可走到半途中，李白却大病了一场，无法成行，只好来到金陵。

可在金陵还能去投靠谁呢？想来想去，李白也想不到一个可以投靠的人。回豫章去？宗睨已经够艰难了，怎么能再给他增加负担呢？

可怜一代诗人李白，到晚年时居然连个安身立命的地方都没有。最后，李白只得来到安徽省当涂县，寄居在族叔李阳冰家中。他从交友的角度分析，认为李阳冰是个很值得信任的人，而且他又是自己的族叔，也可以去投靠。

（二）

寄居在安徽当涂李阳冰家中的李白，虽然生活已陷入绝境，且时年已经60岁，还卧病在床，但报国之心仍然没有泯灭。

李白在李阳冰家中休息了三个多月，自觉病体康复了一些，便不顾妻子的劝阻，决定马上赶往徐州李光弼部中，请缨杀敌。

于是，61岁的李白将从酒店赎回来的宝剑擦得雪亮，又把从旧货店买来的戈矛拴上一把红缨，还特地穿上待诏翰林时皇帝赐给他的宫锦袍，跨上从朋友处借来的一匹老马，雄赳赳、气昂昂地出发了。他想，见到李光弼后，李光弼一定会像汉代名将周亚夫得到大将剧孟一样，高兴地喊道：

"李太白已经在我幕中，料定敌人的末日已经不远了！"

谁知李白走到半途，又旧病复发了，根本不能前行。无奈，他只好在途中的旅店休息了几天，待身体稍微好些后，见无法前往李光弼的部队，只得在友人的护送下，勉强挣扎着回到金陵。

李白曾写下《闻李太尉大举秦兵百万出征东南懦夫请缨冀申一割之

用半道病还留别金陵崔侍御十九韵》一诗，记叙了自己这段时间的遭遇。诗曰：

> 秦出天下兵，蹴踏燕赵倾。
> 黄河饮马竭，赤羽连天明。
> 太尉杖旄钺，云骑绕彭城。
> 三军受号令，千里肃雷霆。
> 函谷绝飞鸟，武关拥连营。
> 意在斩巨鳌，何论脍长鲸？
> 恨无左车略，多愧鲁连生。
> 拂剑照严霜，雕戈缦胡缨。
> 愿雪会稽耻，将期报恩荣。
> 半道谢病还，无因东南征。
> 亚夫未见顾，剧孟阻先行。
> 天夺壮士心，长吁别吴京。
> 金陵遇太守，倒屣欣逢迎。
> 群公咸祖饯，四座罗朝英。
> 初发临沧观，醉栖征虏亭。
> 旧国见秋月，长江流寒声。
> 帝车信回转，河汉复纵横。
> 孤凤向西海，飞鸿辞北溟。
> 因之出寥廓，挥手谢公卿。

诗歌一开始就歌颂了李太尉的功勋卓著，治军严整；接着叙述了自己虽然有报国之志，但却因患病而不能从军而行的遗憾；随后又叙述了金陵诸公为自己饯别相离时的情景，以"孤凤飞鸿"自比，表明了自己的壮志雄心。

李白以老病之身，尚一心想要消灭叛军，恢复中原，其报国之心，至死不渝，实在是既值得赞叹，又值得钦佩！

离开金陵后，李白因病无奈，只得又来到安徽当涂的李阳冰家中。李阳冰善词章，尤其善工小篆，篆书妙天下。当时的人，如果能请到颜真卿书写碑文，就一定要请李阳冰用篆书题其额，这样就可以得到"连璧"的美称。

这一次李白病得很厉害。他躺在病床上，将自己积存多年的诗稿拿出来，交给李阳冰，请求李阳冰为其编集并写序言，李阳冰答应了李白的请求。

这时的李白，真的老了。他常常临镜自照：

> 自笑镜中人，白发如霜草。
> 扪心空叹息，问影何枯槁？

——《览镜书怀》

病稍微好一些时，李白就到附近的谢氏山亭游览观光。但是，他也常常叹息道：

> 沦老卧江海，再欢天地清。
> 病闲久寂寞，岁物徒芬荣。
> 借君西池游，聊以散我情。
> 扫雪松下去，扪萝石道行。
> 谢公池塘上，春草飒已生。
> 花枝拂人来，山鸟向我鸣。
> 田家有美酒，落日与之倾。

醉罢弄归月，遥欣稚子迎。

——《游谢氏山亭》

诗中，李白无限感慨地说，此时与他来往最多的人，就只有请他喝酒的附近的农夫了。

（三）

李白在安徽当涂县居住的最后三四年间，与当地的百姓交往颇多。这个时期的李白，已经彻底放弃了与那些达官贵人们的交游，只到那些普通的农人家中做客，与农人们一起喝酒聊天。

李白曾到宣城找过一位纪姓的老叟，想到这位老叟开设的小酒馆中坐坐，找寻一点人间的温暖。然而到宣城一看，那里已经是老屋破败，关门闭户了。

李白在周围一打听，才知道老叟已于一年前去世了。李白不禁老泪纵横，口占一绝：

纪叟黄泉里，还应酿老春。
夜台无李白，沽酒与何人？

——《哭宣城善酿纪叟》

没有找到纪姓老叟，幸好城外一个原来认识的荀姓庄户人家收留了李白，让他在家中留宿一夜。这家的老头已经去世，家中只有母子二人——荀媪与荀七。

李白的到来让母子二人十分高兴，仿佛是远方尊贵的客人前来一样。但让他们感到为难的是，他们拿不出好酒好菜来招待李白。荀七只好到山下的池塘里去采了些菰蒲回来，勉强为李白做了一顿菰蒲米饭。

李白看着这样简陋的饭食，感动得难以下咽。他想起人民对他的深情厚谊，禁不住写下了一首诗：

> 我宿五松下，寂寥无所欢。
> 田家秋作苦，邻女夜舂寒。
> 跪进雕胡饭，月光明素盘。
> 令人惭漂母，三谢不能餐。

——《宿五松山下荀媪家》

诗的开头写出了自己寂寞的情怀。在这偏僻的山村里，没有什么可以引起他欢乐的事情，他所接触的都是农民的艰辛和困苦。

接着，诗人又写了农人劳动的辛苦。秋收季节，本该是欢乐的，可在繁重赋税压迫下的农民竟没有一点欢笑。农民白天收割，晚上舂米，邻家妇女舂米的声音从墙外传来，一声一声，显得多么凄凉啊！

随后，诗人写到了主人荀媪。在那样艰苦的山村里，老人端出一盘艰难做出的饭菜，让诗人深深地感动了，甚至不禁想到了一个典故：韩信年轻时很穷困，在淮阴城下钓鱼，一个正在漂洗丝絮的老妈妈见他饥饿，便拿饭给他吃。后来韩信被封为楚王，便送给漂母千金表示感谢。

在这首诗里，漂母自然指的就是荀媪了。荀媪这样诚恳地款待李白，使他很过意不去，但又无法报答老人，这更令他感到受之有愧。李白再三推辞致谢，实在不忍心享用她的这一顿美餐。

李白的性格本来是很高傲的，他不肯"摧眉折腰事权贵"，常常"一醉累月轻王侯"，在王公大人面前是那样桀傲不驯。然而，当他面对一个普通的山村老妇时，却是如此谦恭、如此诚挚，由此也充分显示了李白的可贵品质。

辞别了荀姓庄户人家后，李白又重游了泾县，可惜故人一个都不在了。到了桃花潭附近的汪家村，也是一片荒凉，几乎看不到人烟。

最后，李白又来到安徽当涂的采石矶江畔，喝光了酒壶中的最后一口酒，在采石矶头对着明月狂歌一阵，并写下了他人生中的最后一首诗歌——《临终歌》：

> 大鹏飞兮振八裔，中天摧兮力不济。
> 余风激兮万世，游扶桑兮挂石袂。
> 后人得之传此，仲尼亡兮谁为出涕！

这首诗写得十分感伤。诗人说自己就像大鹏一样，想要拯救这个世界，无奈力量不济，无法实现平生理想，遗憾至极！只有圣人孔子，才会为他的这种救世精神而哀伤流泪！

代宗宝应元年（762）十一月，李白在安徽当涂病逝，时年62岁。

第十八章　诗人之后

少年恃险若平地，独倚长剑凌清秋。

——（唐）李白

（一）

李白在世期间，对妻子的爱十分深情，对子女也是如此。正因为这种深情的爱，李白对孩子们的教育都是以使孩子们健康快乐成长为标准的，从不设法去约束他们的举止行为。这也反映了李白骨子中存在的自由意识。

李白与第一个妻子许氏生有一儿一女，儿子名叫伯禽，小名明月奴；女儿名叫平阳。李白都非常疼爱他们。

天宝八年（749），李白在江南漫游期间，十分想念寄居在东鲁的孩子们，于是写下《寄东鲁二稚子》一诗。诗曰：

吴地桑叶绿，吴蚕已三眠。

我家寄东鲁，谁种龟阴田？

春事已不及，江行复茫然。

南风吹归心，飞堕酒楼前。

楼东一株桃，枝叶拂青烟。

此树我所种，别来向三年。

桃今与楼齐，我行尚未旋。

娇女字平阳，折花倚桃边。

折花不见我，泪下如流泉。

小儿名伯禽，与姊亦齐肩。

双行桃树下，抚背复谁怜？

念此失次第，肝肠日忧煎。

裂素写远意，因之汶阳川。

这是一首情深意切的寄怀诗，诗人李白以生动真切的笔触，抒发了对一双儿女的思念之情。豪放豁达的李白对子女的思念之情如此深切，这是不寻常见的。都说英雄无泪，其实只是未到情深之处而已。

李白虽然对子女挚爱情深，但对子女的教育却不像一些名人那样，尽自己最大努力将子女培养成才，而是让孩子顺其自然地发展，让他们快乐地生活、天然地成长。李白一生有两个儿子，由于缺乏父亲那样的天赋才学，也因缺乏必要的教育与指导，他们长大后都没有继承父亲的诗歌传统，并且都沦为社会下层的农人。

在李白死后的三四十年后，有宣、歙、池等州观察使范传正来到安徽当涂一带。由于感念李白的名声及他为文化事业所做出的巨大贡献，范传正特意按照地图指示找到了李白的墓地。他将这里打扫干净，不许人随意樵采。

范传正还会同当涂县令诸葛纵，商议将李白墓迁走的事宜。在征得诸葛纵的同意后，范传正将李白墓由龙山迁葬到青山，并亲自撰写撰碑文《唐左拾遗翰林学士李公新墓碑》，立碑石于墓前。

宋淳祐二年（1242），此碑已"断仆零落，仅存方尺许"，当时兼权太平州事节制军马孟点"乃重书刻石，立之墓左"。

范传正所书的碑文真实地记述了李白墓由龙山迁葬青山的经过及原

委，记载了李白的出生地、家世、晚年及其身后的境况，反映了李白一生的思想、经历及其性格特征，对于研究李白其人及其诗歌创作风格的形成与发展有着十分重要的意义。

（二）

范传正还在安徽当涂一带寻访李白的后人，想帮扶他们。经过三年的努力，他终于找到了李白的两个孙女。这两位李白的后人已经流落民间多年，并都嫁给了干农活的乡野之人。

范传正将李白的两个孙女招来时，发现她们竟然都是目不识丁的苦命农家女，衣服也很破旧粗俗，面目也如农人一般粗糙，丝毫没有她们的祖父当年那种风流倜傥的遗韵。

范传正仔细地询问了她们的境况，她们回答说：

"父伯禽以贞元八年不禄而卒，有兄一人，出游一十二年，不知所在。父存无官，父殁为民，有兄不相保，为天下之穷人。无桑以自蚕，非不能机杼；无田以自力，非不知稼穑。况妇人不任，布裙粝食，何所仰给？俪于农夫，救死而已。久不敢闻于县官，惧辱祖考。乡间逼迫，忍耻来告。"

说完，姐妹两人便都哭了。范传正听了，也感到无限的凄然。

李白一生共生有4个孩子，其中伯禽是李白生前最喜爱的，并且也对伯禽寄予了深切的期望。然而，李白的这4个孩子中，女儿平阳出嫁后不久便死了，另外两个也没了下文。只有伯禽的这两个女儿，范传正找到她们后，她们却都已沦为村妇。这让范传正十分感慨，一代大诗人的后人竟是如此下场，不是"寂寞身后事"是什么呢？

范传正觉得一代著名大诗人的后人嫁给乡野村夫，未免有些辱没李白的身份，因此劝她们改嫁士族。但她们回答说：

　　"夫妻之道，是命，也是缘分。虽然他们贫穷，但既然已经嫁给他们，也仗着他们的力量生活了很多年，如果现在为了摆脱贫穷而失身于他人，侍奉别的男人，则是苟且偷安。这样，我们死后还有什么脸面去见我们的祖父呢？您知道我们的祖父写过'安能摧眉折腰事权贵，使我不得开心颜'这首诗吧？我们又怎么能去低声下气地侍奉其他男人呢！我们不能败坏祖父的好名声。请您不要再说这件事了。"

　　范传正听了，觉得虽然李白的这两位孙女没什么文化，但却遗传了祖父李白的性格和傲骨，心中反倒感到一阵安慰。

　　由此也可以看出，李白的后人没多少文化，也没有继承李白的诗歌传统，这也是由于李白当初没有对子女进行严格意义上的教育有关。李白生前对孩子们放任自流，任其自然发展天性，结果孩子们长大后失去了文化的继承权，都成了普通人。

第十九章　伟大成就

兴酣落笔摇五岳，诗成笑傲凌沧洲。

——（唐）李白

（一）

李白生前在漫游过程中，经历过无数次劫难，比如曾经历过像孔子困于陈蔡长达五日不得食的情形。李白也曾病困扬州，身无分文，几乎客死他乡。而在隐居过程中，他也遭遇过各种不顺，不时有远近的官僚来给他施加压力。在长安与官僚权贵们周旋时，他也处处受到排挤。最后到安史之乱中，他又被判附逆之罪而险遭杀害。如此等等。

但在这些压力和磨难面前，李白从未退缩，而是以百折不挠的意志力冲破重重困扰，继续坚持自己的理想，努力实现自己的目标。这些都表明了李白的恒心和毅力，表明他是一位打不倒的、意志坚定的伟大人物。

在干谒生活中，李白的命运也是跌宕起伏，但他同样没有退缩过。干谒过程中，李白面对的人可谓形形色色，官僚、道士、皇帝、权贵、诗人，乃至普通百姓等。周旋在这些人中间，李白费尽心思。尤其是那些李白所干谒的权贵、名士及贵妃权臣等，他们对李白都是持排挤、贬损和压制态度，这也让李白感到很痛苦。但李白在一次次干谒与附和的痛苦之中，还是勇敢地坚持了下来。

例如，李白在安陆时拜会韩朝宗，失败后又陆续拜访了李长史、裴长史等地方官吏，同样都失败了。这些官吏们不但不帮助提拔他，还对他冷嘲热讽，打压遏制。但是，李白依然不死心，后来又亲上长安，欲向玄宗皇帝献上《明堂赋》。虽然这次同样没有成功，李白还是没有放弃，直到最后结识了玄宗皇帝的妹妹玉真公主，才得到了一个接近皇帝、展现自我才华的机会。

从这些过程也可看出，李白的确是一个具有非凡意志力和恒心的人，不达到自己的目标决不罢休。

古语有云："忧危启圣智，厄穷见人杰。"意思是说，只要做事情有恒心和毅力，持之以恒，艰苦的环境反而可以将一个人磨练成超人和人杰。李白的一生就是一个有力的佐证。

后世有评论家认为，李白是一个"寂寞的超人"。这一评价很能够概括李白所具有的个性特点。李白在世期间，虽然朋友遍天下，与朋友间也保持着真挚的友谊。然而，这些朋友并不能接触到他内心的孤寂与痛苦。

在寂寞与失意中，李白也逐渐产生了与社会相对立的反抗情绪。这种反抗情绪在强大的外界压力下并未被粉碎，相反，它还在李白的精神世界中时常迸发出火花来。李白以一己之力反抗着整个黑暗而腐朽的统治阶层，这样的坚强力量，也构成了他的巨人精神。

李白的这种巨人精神首先表现在对权贵官僚的不屈服与不逢迎。在《梦游天姥吟留别》一诗中，李白就写道：

安能摧眉折腰事权贵，使我不得开心颜。

这也是李白向权贵官僚阶层的宣战，是对权贵阶层的蔑视，表明他的巨人精神与自我觉醒。因为在精神上对权贵阶层充满蔑视，所以对权贵的反抗情绪也更加突出。

李白是这样写的，也是这样做的。来到朝廷后，李白笑傲王侯，对那些权贵高官们不屑一顾。他让高力士为其脱靴，让杨贵妃为其研墨，甚至在皇帝面前也敢于撒泼。皇帝请他去赋诗时，他竟然常常大醉前往，有时甚至根本不去，"天子呼来不上船，自称臣是酒中仙"。

这种傲慢的举动，自然也得罪了一大群权贵官僚，甚至皇帝也不高兴了，于是一起打压排挤他，最终迫使李白离开宫廷。

尽管在朝中受到权贵们的种种打击，但李白却不是迎合别人意愿的凡人，依然我行我素，对权贵们的打压遏制也不理不睬。杜甫就曾经问他：

"飞扬跋扈为谁雄？"

意思是说，李白的气势十分嚣张，一般人是控制不了他的，这也反映了李白内心深处的巨人精神。

（二）

李白对人生的反抗也表现了他所具有的那种强烈的巨人精神。比如在《上李邕》一诗中，他就写道：

大鹏一日同风起，扶摇直上九万里。

这是年少轻狂的李白在当时的大文豪面前的豪言壮语。

在《北溟有巨鱼》中，李白还写道：

北溟有巨鱼，身长数千里。
仰喷三山雪，横吞百川水。

这也是对自己才华的自信和肯定。

在《将进酒》中，李白也写道：

> 天生我材必有用，千金散尽还复来。

这表明了他在人生不得意时的愤慨，更是在坎坷人世中对自己不如意人生的反抗。

除了对个人命运所表现出来的这种反抗精神外，李白还具有关怀天下百姓命运的情怀。而且，这种关爱之情是博大而深沉的。

在李白的一些诗歌中，他总是尽力描写与表现人民的苦难，并在其中投入了深刻的个人情感。比如：

> 吴牛喘月时，拖船一何苦。

这是对丹阳百姓拖船运石之苦的同情。

> 白骨横千霜，嵯峨蔽榛莽。

这是表现胡人侵扰下边塞人民的苦难。

> 俯视洛阳川，茫茫走胡兵。
> 流血涂野草，豺狼尽冠缨。

这表现了安史之乱中人民的苦难生活，对百姓们在叛军奴役下所遭受的苦难表示了深刻的同情。

可以说，李白在诗中所表现出来的对人民的深刻同情心，博大而深沉，真挚而热切。

李白不仅怜惜天下苍生，还有以拯救天下苍生命运为己任的情怀。在《代寿山答孟少府移文书》一诗中，李白写道：

申管晏之谈，谋帝王之术。

奋其智能，愿为辅弼。

使寰区大定，海县清一。

从这一抱负中可以看出，青年时代的李白就在内心深处涌动着兼济天下的意识。同时，他还在许多诗歌中表露出这种意识。比如：

待吾尽节报明主，然后相携卧白云。

表明了诗人的报国之志。

东山高卧时起来，欲济苍生未应晚。

表达了诗人想像谢安等人一样，东卧高山再起后救济天下百姓的情怀。

终与安社稷，功成去五湖。

表达了李白在完成平定天下的功业之后归隐山林的理想。

正因为李白具有这样的巨人精神，因此在他的世界中，似乎永远没有失败。而一旦遇到失败，他就会借酒来消除痛苦，似乎酒醒后一切都可以重新开始。

也正因为李白所具有的巨人精神，所以李白在生活和诗歌中所表现出来的与常人有着很大的不同。在生活上，他处处标新立异，飞扬跋扈，气魄雄浑盖世，仿佛就是一个桀骜不驯、不可征服的超人，一个关爱百姓命运、以拯救天下苍生命运为己任的巨人。在诗歌中，他也表现出一种强烈的自我觉醒，处处都张扬自我，意欲拯救天下，发挥自己的才华。这样的意识，也正是李白内心中的一种用于无法遏制的前进动力。

（三）

在李白的一生中，他的心灵都是与宇宙相合的。从20岁时所作的《大鹏赋》，到临终前所写的《临终歌》，都可以看出诗人在诗中以有巨大翅膀的大鹏自比，以寄托他那种"激三千以崛起，向九万而迅征"的志向。

李白一向以道家的"天人合一"为目标和准则。正因为如此，他才能够展开"无往不到的想象之翼"，从而表现出一种巍然屹立于宇宙的巨人精神。

在李白一生所创作的诗歌当中，有很多都表现出他这种强大的、与宇宙合二为一的精神。

比如，在《将进酒》一诗中，诗人就这样写道：

> 君不见黄河之水天上来，奔流到海不复回。

诗人所看到的黄河之水是从天而降、奔腾而下的。在这种感知之中，自然含有夸张的成分，但从中也可以看出诗人内心博大的宇宙意识。这也就是说，诗人在观看黄河时，似乎已经忘记了自己的存在，而是进入了一种想象之中的宇宙世界，与黄河这种奔放宏大的气象融为一体，所感受到的自然也与常人所看到的有所不同。

再如，在《把酒问月》一诗，诗人也写道：

> 今人不见古时月，今月曾经照古人。
> 古人今人若流水，共看明月皆如此。

这首诗是把酒问月，但所问的已经远远超过了酒、月亮等问题，而是上升到了哲学的高度，具有一种广博的情怀和意识，甚至还包含了复杂的天文内涵等。

可以说，在艺术特色上，李白的诗歌继承了庄周、屈原以来的优秀浪漫主义传统，以囊括宇宙、席卷八荒的英雄气概，以"惊天地、泣鬼神"的笔力，表现出了博大宽广的巨人精神。所谓"黄河落尽走东海，万里写入胸怀间"，"兴酣落笔摇五岳，诗成笑傲凌沧海"，在李白的思想意识中，他已经不是他自己，而是化为一只展翅翱翔于天空的大鹏。放眼天下，李白所具有的精神，正是大鹏翱翔九天时所具有的精神。

与此同时，李白还敢于控诉天道的不公，这本身也表明了他在精神上的强大。在命运面前，普通人只能俯首称臣，顶礼膜拜，对上天给予自己的命运安排表示臣服，不敢反抗。但李白不同，他是"欲上青天揽明月"的"谪仙人"，而且他也以此自居，对自己的期待与要求也比普通人高得多。因此，在不幸的命运打击面前，李白也表现得比普通人更加豁达与坦然，并能够更加积极地面对。

可以说，在面对苦难时，李白自己首先从精神上彻底摆脱了上天决定人命运的理论束缚，自己掌握自己的命运，自己改变自己的命运。或者说，即使李白的内心还有一些天命论的残余思想，但他也敢于与上天对抗，要求上天给予自己公平的安排，不甘心做那种屈从于命运摆布的人。在李白看来，上天既然如此不公，就应该奋起反抗，向它要求公平与正义。这也是李白与常人所不同的地方。

　　李白一生之所以能够取得巨人式的伟大成就，原因自然有很多。但有一点，就是他对上天的不盲从，敢于与命运抗争。这种反抗命运的精神也是他诸多杰出精神中不可忽视的一个。正因为李白具有这种不相信、不屈从于命运的精神，所以李白的精神才能表现得如此强烈，李白的生命才能发挥的如此多姿多彩。

　　总之，与古人比起来，李白身上所具有的精神显得更加深沉而壮美，将人生命运的沉浮都囊括于其中。而且，李白的巨人精神是一种与个人命运的坎坷及国家命运的沉浮不定而生发出来的精神，这种精神也更具有现实意义。因此，这种伟大的精神也蕴含了李白忧国忧民的伟大人格力量。

李白死后，遗体被埋葬在采石江头，往来诗人经常在他的墓上题诗。有一次，一个人实在看不过去了，就在李白的的墓前写了一首绝句："采石江边一抔土，李白诗名耀千古；来的去的写两行，鲁班门前掉大斧。"以批评那些无知而又好卖弄的人。

第二十章 是非评说

恨不得挂长绳于青天，系此西飞之白日。

——（唐）李白

（一）

李白生前就享有很高的诗名。贺知章称李白为"谪仙人"，杜甫也称李白"白也诗无敌，飘然思不群。清新庚开府，俊逸鲍参军"。唐人殷璠选编过一部诗歌选集《河岳英灵集》，其中选录了开元、天宝年间的24位诗人，其中也有李白。他还说，李白写诗，大多"纵逸"，《蜀道难》等作品"可谓奇之又奇"。

李白的诗名当时可谓天下共知，这一点是肯定的。但是，当时他还没有被安排到诗国中最为崇高的地位上。这多半是由于当时人在时空上与李白靠得太近，看得不够真切。所以，尽管李阳冰在《草堂集序》中说：

"自三代已来，风骚之后，驰驱屈（屈原）、宋（宋玉），鞭挞扬（扬雄）、马（司马相如），千载独步，唯公一人。"

但是，李阳冰当时也尚且不能完全体会到李白"千载独步"的历史分量。

到了中唐时代，人们逐渐领略到了盛唐诗歌所创造出来的辉煌成就。韩愈是中唐时期的著名诗人，他就曾说：

"李杜文章在，光焰万丈长。"

这时，韩愈显然已经看到了李白的价值和意义。韩愈的这一评价也奠定了"李杜"在中国古典诗歌史上崇高的地位。

此后，人们对李白的推崇与称赞开始多起来，甚至至今都从未间断过。这主要集中在两个方面：

第一，人们充分肯定了李白超凡的诗歌才华。晚唐时期的皮日休评价李白说：

"惜哉千万年，此俊不可得。"

杜荀鹤也说：

"青山明月夜，千古一诗人！"

宋代的朱熹则称李白是"圣于诗者也"。

诗歌评论家严羽也认为李白、杜甫的创作达到了"入神"的境界，达到了"至矣、尽矣"、无以复加的地步。

李白的诗才，最突出的表现就是"奇"。皮日休说得十分恰当，李白的诗歌能够"言出天地外，思出鬼神表"，完全超越了一般人的想象。

胡应麟也说李白的诗"出鬼入神，恍惚莫测"。诸如"大道如青天，我独不得出"、"春风不相识，何事入罗帏"、"清风朗月不用一钱买，玉山自倒非人推"等诗句，都既明白如话，又奇妙无比，让人禁不住想问：它们是如何从诗人的脑海中酝酿而成的？

与此同时，李白的诗歌中还广泛采用了夸张手法，这也大大增强了他的诗歌的豪放力量与气势。

比如，《望庐山瀑布二首》的其中一首写道：

挂流三百丈，喷壑数十里。

欻如飞电来，隐若白虹起。

初惊河汉落，半洒云天里。

这其中随处都有夸张之语。尤其是"初惊河汉落，半洒云天里"之语，更是夸张得令人惊叹叫绝。

再如第二首中写道：

日照香炉生紫烟，遥看瀑布挂前川。

飞流直下三千尺，疑是银河落九天。

其中的浪漫夸张手法更是令人拍手叫绝，被称为千百年来咏叹庐山的千古绝唱。苏轼曾以"古来唯有谪仙词"来称誉李白的写法，并称此诗为写瀑布之冠。这既显示了李白浪漫夸张的写诗方法，也反映了李白内心的宽宏与广阔。

可以说，李白的诗歌对夸张这一表现手法的运用随处可见，而且这种手法也具有很好的表现力，显示出了诗人的浪漫才情与极高的艺术水平。

（二）

除了非凡的诗歌才华外，人们对李白的推崇还在于他的豪情和狂放。李白傲世独立，狂放不羁，这一点不仅李白自称如此，也是所有了解李白的人所公认的。

李白为人，一向豪爽仗义，任侠使气，"戏万乘若僚友，视俦列如草芥"，平交诸侯，面对权贵，不为所动。这种独立的人格不仅体现在他传奇的人生中，也真实地表现在他的诗歌当中。

在诗歌方面，李白可谓纵放超逸，才气纵横，往往诗歌的上下句之间变换很大，跳跃性很强，这也显示出诗人驾驭文章的过人才智。这种放纵超逸的诗歌，在李白的诗歌集中有很多。

比如，《襄阳歌》一诗：

落日欲没岘山西，倒著接䍦花下迷。

襄阳小儿齐拍手，拦街争唱《白铜鞮》。

旁人借问笑何事，笑杀山公醉似泥。

鸬鹚杓，鹦鹉杯。

百年三万六千日，一日须倾三百杯。

遥看汉水鸭头绿，恰似葡萄初酦醅。

此江若变作春酒，垒曲便筑糟丘台。

千金骏马换小妾，醉坐雕鞍歌《落梅》。

车旁侧挂一壶酒，凤笙龙管行相催。

咸阳市中叹黄犬，何如月下倾金罍？

君不见晋朝羊公一片石，龟头剥落生莓苔。

泪亦不能为之堕，心亦不能为之哀。

清风朗月不用一钱买，玉山自倒非人推。

舒州杓，力士铛，李白与尔同死生。

襄王云雨今安在？江水东流猿夜声。

这首诗作于开元二十二年（734）李白游览襄阳之时，以纵酒狂歌的态度谈论古今，表达了李白对功名利禄的蔑视。放纵任情的豪放，纵情行乐的潇洒，时刻都迸发出蓬勃的生命活力，同时也流露出诗人时不我遇的失意情绪。但是，这种失意情绪很快就被横扫千军的豪情冲淡了。其中，"清风朗月不用一钱买，玉山自倒非人推"一句，被欧阳修赞誉为"惊动千古"的横放之句。

再如，《宣州谢朓楼饯别校书叔云》一诗：

> 弃我去者，昨日之日不可留。
> 乱我心者，今日之日多烦忧。
> 长风万里送秋雁，对此可以酣高楼。
> 蓬莱文章建安骨，中间小谢又清发。
> 俱怀逸兴壮思飞，欲上青天揽明月。
> 抽刀断水水更流，举杯消愁愁更愁。
> 人生在世不称意，明朝散发弄扁舟。

这首诗作于天宝十二年（753），为李白陪同侍御史李华登谢朓楼时所作。此诗发起无端，如雷霆骤至；又几经跳跃，愈出愈奇，至青天揽月，抽刀断水，真如神来之笔！

在这首诗中，诗人的内心虽然苦闷，甚至充满悲愤与叛逆，欲归隐于江湖，但是，这种消极的情绪都被壮思飞云、抽刀断水的豪情壮举取代了。所以，此诗从总体上的格调还是高昂的、放纵的，是李白超逸豪放风格的代表作。

从这些诗歌也可以看出，李白的人生中虽然也有失意与悲观，但却总能被滚滚而来、不可遏制的奔放气息所掩盖。所以，与历史上诸多诗人，如屈原、杜甫、苏东坡等人相比，李白的诗歌风格在豪放、超逸方面是最突出、最优秀的。这别具一格的诗歌创作风格，也显示出诗人过人的才气与能力。

（三）

李白是一位伟大的诗人，但同时也是历史上一位备受争议的人物，这在传统儒家思想占据主导地位的时代更为明显。

历史上对李白的指责主要有以下几点：

第一，李白曾追随永王李璘。在安史之乱后，李白曾被永王李璘招入幕府，跟随李璘。但是，在宫廷政治斗争中，永王李璘败给了唐肃宗李亨，李白也因此而受到牵连，被流放夜郎。

在古代过分尊崇君权的环境之下，李白的这种行为完全被看成是失节的行为。为此，宋代的朱熹就曾批评李白"没头脑至于如此"。但在现在看来，我们已经没有理由再苛责李白了。因为李白当时毕竟也是一腔雄心热血，希望能获得机会施展自己的抱负，为国家效力。只是未能看清政治形势，最终才落得如此下场。

第二，李白的某些异端思想也让许多人无法接受。由于特殊的人生经历及接受多元文化的影响，李白的身上具有许多在正统观念看来完全属于异端的思想。

比如，李白率直、真诚，从来不会刻意掩饰自己，而且这种个性还经常表现在他的诗歌之中。这种表现和行为，往往为恪守正统观念的宋人无法接受。

所以，宋人一方面欣赏李白的才气，另一方面又对李白的一些怪异想法感到不满。他们批评李白"不达理"，"不知义理之所在"，其实李白的一些想法本来就不在宋人的"义理"范围之内。

还有一些人认为李白"识度甚浅",意思是李白缺乏眼光,没什么思想。宋人胡仔在《苕溪渔隐丛话》中记载了王安石对李白的评价:

"白诗近俗人,易悦故也;白识见污下,十首九说妇人与酒。"

这句话的意思是说,李白的诗歌很俗气,十有八九都是写的妇人与酒。

惠洪的《冷斋夜话》中,也记载了王安石评价李白的话:

"太白词语迅快,无疏脱处,然其识污下,诗词十句九句言妇人酒耳。"

这类评价并非出自王安石的第一手材料的记载,因此是否为王安石所说,还有待细考。且"十首九说""十句九句"的说法也显得过于夸张。任何读过李白诗歌的人,都不难看出这一点。

其实,宋人之所以对李白感到不满,除了他曾入幕永王李璘之外,还认为他缺乏像杜甫那样的济世之心。苏轼的《李太白碑阴记》中就写道:

"李太白……岂济世之人哉!"

罗大经在《鹤林玉露》中也说:

"李太白当王室多难、海宇横溃之日,作为歌诗,不过豪侠使气、狂醉于花月之间耳。社稷苍生,曾不系其心膂。其视杜少陵之忧国忧民,岂可同年语哉!"

这些说法在今天看来,显然是一种偏见。李白既然常怀周济天下的英雄心志,具有强烈的拯物济世的社会责任感和历史使命感,就定然不可能超然物外,对社稷民生作壁上观。

事实上,李白"中夜四五叹,常为大国忧",对当时自己所处的社会现实给予了极大的关注,表现出了强烈的忧患意识与批判现实精神。只是由于天不遂人愿,李白的才能无法真正发挥,抱负无法得以实现，他才最终离开了长安。

但此后，李白依然对长安充满向往，希望能够再次得到朝廷重用，为国家社稷效力，只可惜最终也只能"无可奈何花落去"。虽然一直未能得到重用，但李白一生志向未变，爱国情怀未弃。

虽然长期以来李白受到不少误解，但热爱李白以及他的诗歌的人仍不胜枚举，不仅国内的很多人都曾学习李白，为他一生傲岸的人格所打动，也为他热情豪放的诗篇所鼓舞，就连国外的一些人，对李白也是推崇备至。

李白的诗歌很早就传到了日本。京都、镰仓的以神宗僧侣为中心的文学团体，即五山文学派的创作，就受到李白诗歌的巨大影响。而且在日本，研究李白的汉学家也很多，注释、翻译、研究李白诗篇的成果也十分可观。日本的教科书中还选录了李白的诗歌。直到现在，仍然有不少外国人能够流利地背诵出李白的诗歌。

纵观李白的一生可以说，李白不仅是一个伟大的诗人，也是一个具有强烈人格魅力的杰出人物。他是中国诗坛上的千古奇才，他留给后人的那些超凡卓绝的诗文，犹如一朵朵绚丽的奇葩，将在中国乃至全世界的文苑中永远绽放。

李白生平大事年表

701年（长安元年），李白出生于唐朝在西域所设的重镇碎叶城。

705年（唐中宗神龙元年），随父亲李客迁居剑南道绵州昌隆县（今四川省江油市）。

710年（唐睿宗景云元年），读诸子百家，通诗书。

715年（唐玄宗开元三年），观奇书，学习剑术，好神仙之道。

718年（开元六年），隐居于大匡山，师从赵蕤学习纵横术。

721年（开元九年），游览成都，并在成都瞻仰了司马相如琴台、扬雄故宅等地。

724年（开元十二年），辞别亲人远游。作《上安州裴长史书》。游峨眉山，写有《登峨眉山》《峨眉山月歌》等诗。出三峡，至江陵，遇司马承祯，作《大鹏赋》。

725年（开元十三年），游览洞庭。夏，权殡友人吴指南。秋至金陵，作《上安州裴长史书》。是年还写有《望天门山》《金陵城西月下吟》《杨叛儿》《长干行》等诗。

726年（开元十四年），游览自金陵至广陵，又东南游苏州、杭州、越州、台州，东涉溟海。然后回舟北上，复至扬州，散金30余万。秋，卧病。是年写有《金陵酒肆留别》《夜下征虏亭》《苏台览古》《乌栖曲》《越中览古》《淮南卧病书怀寄蜀中赵征君蕤》等诗。

727年（开元十五年），沿江西上，观云梦，寓安州北寿山。北游汝海、襄州，结识孟浩然。返回安陆，冲撞李长史车马。同年，与故相许圉师的孙女结婚。写有《代寿山答孟少府移文书》《上安州李长史书》等诗。

728年（开元十六年），春至江夏，改葬吴指南。暮春，送孟浩然之广陵。返回安陆，寓居白兆山。写有《早春于江夏送蔡十还家云梦序》《黄鹤楼送孟浩然之广陵》《江夏行》等诗。

730年（开元十八年），隐居于安陆白兆山，作有《安陆白兆山桃花岩寄刘侍御绾》《山中间答》等诗。遭受谤毁，有《上安州裴长史书》，要求雪谤。后寓居终南山玉真公主别馆。写有《酬崔五郎中》、《玉真公主别馆苦雨赠卫尉张卿二首》《乌夜啼》等诗。

731年（开元十九年），下终南山，西游邠州。作有《赠裴十四》《登新平楼》《赠新平少年》等诗。

732年（开元二十年），春游坊州，作《酬坊州王司马与阎正字对雪见赠》一诗。旋归长安，作《春归终南山松龙旧隐》等诗。在长安穷途失路，作《行路难三首》（其一、其二）。送友人入蜀，作《蜀道难》，寄寓功业难求之意。五月，离开长安，由黄河东下梁园，作有《梁园吟》等诗。

733年（开元二十一年），应元丹丘邀请，赴嵩山隐居。结识元演，往来于洛阳、襄汉、安陆之间。作有《题元丹丘颖阳山居》《元丹三歌》《秋夜宿龙门香山寺奉寄王方城十七丈奉国莹上人从弟幼成令问》《冬夜宿龙门觉起言志》《梁甫吟》等诗。

734年（开元二十二年），春在洛阳，写有《古风》其十八、《春夜洛城闻笛》等诗。过襄阳，拜见荆州长史韩朝宗，写有《与韩荆州书》。秋至江夏，有《江夏别宋之悌》等诗。冬至随州，与元丹丘、元演同访胡紫阳。

735年（开元二十三年），与元演越太行游览太原，并曾北游雁门关。写有《太原早秋》《秋日于太原南栅饯阳曲王赞公贾少公石艾尹少公应举赴上都序》等诗。

736年（开元二十四年），春由太原经洛阳返回安陆。写有《酬岑勋见寻就元丹丘对酒相待以诗见招》等诗。

738年（开元二十六年），游览襄阳，作有《赠孟浩然》一诗。后至陈州、宋城、下邳、淮阴、楚州等地游览，写有《送侯十一》《淮阴书怀寄王宋城》《经下邳圯桥怀张子房》等诗。

739年（开元二十七年），春在楚州安宜，有《赠徐安宜》、《白田马上闻莺》等诗，重游扬州、苏州、杭州等地。秋至巴陵，遇王昌龄。

740年（开元二十八年），许夫人约卒于上年或是年，李白带子女离安陆至东鲁。后与韩准、裴政、孔巢父、张叔明、陶沔等隐于徂徕山，酣歌纵酒，时号"竹溪六逸"，写有《送韩准、裴政、孔巢父还山》等诗。

741年（开元二十九年），居于东鲁，并漫游东鲁各地。

742（天宝元年），自南陵奉诏入京，作有《南陵别儿童入京》等诗。玄宗召见于金銮殿，命其待诏翰林。

743年（天宝二年），待诏翰林，醉写《清平调》《宫中行乐词》等诗。秋，遭谗见疏，遂有归隐之念，有《玉壶吟》《翰林读书言怀呈集贤诸学士》等诗。

744年（天宝三年），上疏玄宗请求还山，玄宗赐金放还。写有《出金门后书怀留别翰林诸公》《春陪商州裴使君游石娥溪》等诗。秋，在梁宋间会见杜甫、高适，三人一起畅游梁宋，纵猎孟诸。

745年（天宝四年），春，与杜甫同游东鲁。夏，与高适、杜甫同在济南会见北海太守李邕。秋，与杜甫重游鲁郡，同寻范居士，同往龟蒙山元丹丘处作客。旋于东鲁送别杜甫，写有《鲁郡东石门送杜二甫》诗。

746年（天宝五年），卧病东鲁。秋，怀念杜甫，写有《沙丘城下寄杜甫》诗。复思游越，告别东鲁诸公，写有《梦游天姥吟留别》等诗。

747年（天宝六年），至越中，吊唁贺知章，写有《对酒忆贺监二首并序》《重忆一首》。返回金陵。

748年（天宝七年），游览扬州江阳县、庐江等地，写有《叙旧赠江阳宰陆调》《寄上吴王三首》等诗。

749年（天宝八年），居于金陵，怀念子女，写有《寄东鲁二稚子》《送萧三十一之鲁中兼问稚子伯禽》等诗。

751年（天宝十年），在梁园与宗楚客孙女结婚。冬，离梁园北上幽州，写有《留别于十一兄逖裴十三游塞垣》诗。

752年（天宝十一年），北上途中游广平郡邯郸、临洺、清漳等地。写有《登邯郸洪波台置酒观发兵》《赠临洺县令皓弟》《赠清漳明府侄聿》等诗。

753年（天宝十二年），南下过魏州贵乡，受到县令韦良宰盛情招持。又前往西北游览汾州，写有《魏郡别苏明府因北游》诗。回到梁园，不久又从梁园南下宣城。写有《留别曹南群官至江南》《自梁国至敬亭山见会公谈陵阳山水》《独坐敬亭山》《陪侍御叔华登楼歌》等诗。

754年（天宝十三年），春游金陵，后来到扬州，与魏万相遇，两人同返金陵，尽出诗文，请魏万编集。写有《送王屋山人魏万还王屋》诗。

755年（天宝十四年），反对杨国忠发动的两次征南诏之战，写有《书怀赠南陵常赞府》等。冬，北上梁国，适逢安禄山陷陈留、洛阳，李白携宗夫人自梁园经洛阳西上华山。

756年（天宝十五年，唐肃宗至德元年），从华山南下宣城，后与宗夫人隐于庐山屏风叠。冬，永王李璘水军至寻阳，三次遣使聘请李白下山入幕。写有《赠韦秘书子春二首》《别内赴征三首》等诗。

757年（至德二年），入永王李璘幕府，随军东下。写有《在水军宴赠幕府诸侍御》《永王东巡歌》诗。二月，永王兵败，李白自丹阳郡南奔，写有《南奔书怀》一诗。后被捕入狱。经宋若思与崔焕相救，出狱，入宋若思幕。岁末，被判流放夜郎。

758年（乾元元年），自浔阳启程，奔赴流放之地。

759年（乾元二年），行至白帝城时遇赦，立即返舟东下江陵。写有《江夏赠韦南陵冰》《经乱离后天恩流夜郎忆旧游书怀赠江夏韦太守良宰》等诗。秋至岳州，遇贾至、李晔被贬，同游洞庭，写有《巴陵赠贾舍人》《陪族叔刑部侍郎晔及中书贾舍人至游洞庭五首》等诗。冬，赴零陵。

760年（上元元年），自零陵返回江夏，写有《早春寄王汉阳》、《江夏送倩公归汉东序》等诗文。下浔阳，上庐山，写《庐山谣寄卢侍御虚舟》诗。赴豫章，写有《下寻阳城泛彭蠡寄黄判官》《对酒醉题屈突明府厅》《豫章行》等诗。

761年（上元二年），暮春，东下重游皖南，写有《宿五松山下荀媪家》等诗。欲投李光弼军未果，写有《闻李太尉大举秦兵百万出征东南懦夫请缨冀申一割之用半道病还留别金陵崔侍御》。至安徽当涂时，投奔族叔李阳冰。

762年（宝应元年），在当涂李阳冰家中养病，并将诗文全部交于李阳冰编集。十一月，赋《临终歌》而卒，葬于龙山。